1

Cerca del año 30 de nuestra era, Roma tenía 780 años. El imperio Romano incluía todo el Mediterráneo desde España y Galia hasta Egipto y Siria.

ESPAÑA
ITALIA
ROMA
GRECIA
SIRIA
ÁFRICA
PALESTINA
JERUSALÉN

Un día, en el palacio del gobernador Romano Pilato quien comandaba las fuerzas ocupantes...

Jerusalén era la capital de Judea en Palestina, la cual pertenecía a la provincia Romana de Siria.

Capitán, ¿que noticias tiene en su reporte semanal?

Gobernador Pilato, vi multitudes de Judíos en el río Jordán, donde un llamado Juan el Bautista predica. La gente cree que él es un profeta.

El bautiza la gente en el río y anuncia un nuevo Mesías.

Ya veo otro Mesías que va a reclutar guerreros y tratará de tomar el poder de nosotros los Romanos en este país.

Ese no es el primer Mesías ni será el último, pero ninguno ha tenido éxito en tratar de derrotar al imperio Romano.

Qué clase de gente son estos Judíos.

Ellos son el único pueblo que no podemos doblegar y el Emperador Tiberio les está dando mucho campo; cuando yo decoré este palacio con las pinturas de oro de nuestros dioses, el Emperador Tiberio me ordenó quitarlas

2

Para los Judíos eso era profanar la ciudad santa; cualquier pintura de su Dios es estrictamente prohibida.

Todos los símbolos relacionados con el imperio Romano son considerados blasfemos.

Ellos son un pueblo difícil. Mi trabajo aquí como gobernador es el más desagradable en el imperio.

A ellos se les permite no trabajar los sábados y no admiten en su templo los que no son Judíos bajo el pretexto de que ellos son un pueblo escogido.

Es verdad. Estos Judíos son los únicos en todo el imperio que no están obligados a adorar los dioses Romanos.

¡Oh, este templo de Jerusalén! Es una pesadilla; cuando 200,000 peregrinos vienen a las fiestas judías uno debe ser muy cuidadoso porque los miembros de la resistencia Judía salen de sus escondites en el desierto y pueden causar problemas.

Pero nosotros vemos sus movimientos desde la torre de Antonia y podemos prevenir sus acciones.

Bien, Capitán. Observe la situación en el río Jordán con cuidado y manténgame informado.

Iré yo mismo allá. Sé que las autoridades judías, el sumo sacerdote del templo y los Fariseos se hacen preguntas acerca de Juan el Bautista y quieren hacer su propia investigación.

Al siguiente día, en el camino al Jordán

Este profeta del desierto atrae mucha gente. Vamos a investigar.

Escuchen todos la gran noticia, de que el Mesías ha llegado! El se revelará pronto y aparecerá en público.

El día del juicio viene co El. La hoz está en su mano para juntar su trigo en el granero.

... iy para quemar la paja con fuego devorador! Preparen el camino y quiten los obstáculos y hagan un camino recto para El

¿Qué? ¿Ha llegado el Mesías? iEl va a echar a los Romanos de nuestro país! iLibres al fin! iLa época de oro comienza!

Este Juan el Bautista es un hombre de Dios como no ha habido otro en un largo tiempo.

El vive la vida dura de los profetas de otros tiempos...se viste con ropas hechas de pelo de camello con un cinto de cuero y come langostas con miel.

Si entiendo el mensaje correctamente, cada uno tiene que cambiar de corazón y servir a Dios y no a si mismo.

SAN MATEO 3: 1-17

Mientras ellos todavía estaban viviendo en Nazaret, vino Juan el Bautista y empezó a hablarle a la gente en el desierto de Judea. Él decía: Cambien su manera de pensar y de vivir porque el reino de Dios está cerca. El profeta Isaías se refería a Juan cuando dijo: Alguien grita en el desierto: "Preparen el camino para el Señor; háganle caminos derechos". La ropa de Juan era de pelo de camello y tenía un cordón de cuero en la cintura. Su comida era langostas y miel del campo. En ese tiempo, la gente venía a escucharlo desde Jerusalén, de toda la provincia de Judea y de toda la región

alrededor del río Jordán. Confesaban sus pecados y Juan los bautizaba en el río Jordán. Cuando Juan vió que muchos fariseos y saduceos venían para ser bautizados, les dijo ¡Partida de víboras! ¿Quién les advirtió que escaparan de la ira de Dios que está por venir? Vivan de tal manera que demuestre que realmente han cambiado. Y no me

¿Por qué razón bautizas?

Yo bautizo con agua,

pero él que viene detrás de mi bautizará con espíritu y fuego.

¡Generación de víboras!

Ustedes creen que están salvos porque tienen a Abraham como padre

pero Dios no tiene favoritismo. El árbol se juzga por sus frutos... Dios puede levantar hijos de Abraham de éstas piedras.

vengan con que "Abraham es nuestro antepasado", porque les aseguro que Dios puede convertir hasta estas piedras en descendientes de Abraham. El hacha ya está lista para cortar los árboles de raíz. Todo árbol que no produzca buenos frutos será cortado y echado al fuego para que se queme. Yo los bautizo con agua como demostración de que han cambiado su vida, pero el que viene después de mí es más poderoso que yo. Ni siquiera soy digno de ayudarle a quitarse

En ese momento un hombre sale de la multitud.

Es un cierto Jesús de Nazaret y se dirige a Juan el Bautista.

las sandalias. Él los bautizará con el Espíritu Santo y con fuego. Vendrá preparado para separar el trigo de la paja. Guardará el trigo

bueno en un granero y quemará lo que no es bueno en un fuego que no se podrá apagar. En ese tiempo, Jesús vino de Galilea al

Jordán para que Juan lo bautizara, pero Juan trató de evitarlo, y le dijo: Soy yo quien necesita ser bautizado por ti, ¿por qué entonces vienes a mí? Jesús le contestó: No

me lo impidas ahora, porque es necesario cumplir con todo lo que Dios requiere. Entonces Juan estuvo de acuerdo y lo bautizó. Tan pronto como Jesús salió del agua, vio que

el cielo se abrió y que el Espíritu de Dios bajaba sobre él como una paloma. Una voz desde el cielo dijo: Este es mi hijo amado con quien estoy muy contento.

Jesús fue bautizado a la edad de treinta años en el río Jordán. ¿QUIEN ERA EL? Se le conocía como el hijo de José, el carpintero de Nazaret. Su madre era María. Era primo de Juan el Bautista de parte de su madre. Sus padres sabían algo confidencial acerca de la mano divina que intervino en el nacimiento de Jesús.

María estaba comprometida con José y se encontró embarazada antes de ellos juntarse...¿Qué le pasó a María?

Ustedes han oído de la promesa en el libro de Daniel. El ángel Gabriel le había dicho acerca del nacimiento del Mesías....yo me pregunto si vamos a ver ese gran día

Yo lo creo porque...

...un día de reposo, los padres de María regresaron a la casa de la sinagoga.

De acuerdo a la profecía de Daniel debe pasar en este tiempo.

María, ve a comprar aceite para la lampara y las provisiones para la comida, por favor.

De repente.... ¡Salve, María! Bendita eres entre las mujeres.

María se turbó mucho con estas palabras. ¿es posible que sea un mensaje del cielo?

No te asustes María. Has encontrado favor con Dios. Vas a quedar embarazada y tendrás un niño al cual llamarás Jesús. El es el Mesías.

SAN LUCAS 1:26-38

Al sexto mes de embarazo de Elisabet, Dios envió al ángel Gabriel a un pueblo de Galilea llamado Nazaret. El ángel se le apareció a una joven llamada María, una virgen comprometida para casarse con un hombre llamado José, de la familia de David. El ángel entró al lugar donde estaba la mujer y le dijo: ¡Te saludo! El Señor está contigo y quiere bendecirte. Pero lo que dijo el ángel la dejó muy confundida y se preguntaba qué podría significar esto. El ángel le dijo: No tengas miedo, María, porque Dios está contento contigo. ¡Escúchame! Quedarás embarazada y tendrás un hijo a quien le pondrás por nombre Jesús. Tu hijo será un gran hombre, será llamado el Hijo del Altísimo y el Señor Dios lo hará rey, como a su antepasado David. Reinará por siempre sobre todo el pueblo de Jacob y su gobierno no tendrá fin. Entonces María le dijo al ángel: ¿Cómo puede

suceder esto? Nunca he estado con ningún hombre. El ángel le contestó: El Espíritu Santo vendrá sobre ti y el poder del Altísimo te cubrirá con su

sombra. Por eso al niño santo que va a nacer se le llamará Hijo de Dios. También escucha esto: tu pariente Elisabet, aunque es de edad avanzada, tendrá un hijo. Decían que no podía tener hijos; sin embargo, está en el sexto mes de embarazo. ¡Para Dios nada es imposible! María dijo: Soy sierva del Señor, que esto suceda tal como lo has dicho. Y el ángel se retiró.

9

SAN LUCAS 1: 39-64

Pocos días después, María se alistó y se fue de prisa hacia los cerros, a un pueblo de Judea.

Fue a la casa de Zacarías y saludó a Elisabet. Cuando Elisabet escuchó el saludo de María, el bebé saltó dentro de ella. Entonces Elisabet se llenó del Espíritu Santo, y gritó: ¡Dios te ha bendecido más que a todas las mujeres, y ha bendecido al bebé que tendrás!

10

¿Quién soy yo para que la mamá de mi Señor venga a verme? Cuando oí tu saludo, el bebé dentro de mí saltó de alegría. El Señor te bendecirá porque creíste que sucedería lo que él te dijo. Entonces María dijo: Alabo al Señor con todo mi corazón. Me alegro muchísimo en Dios, mi Salvador, porque él tomó en cuenta a su humilde sierva. De ahora en adelante todo el mundo dirá que Dios me ha ben-

decido, porque el Poderoso ha hecho grandes cosas por mí. ¡Su nombre es santo! Dios nunca ha dejado de mostrar su compassion a

El mensajero de Dios, el ángel Gabriel, le dijo que tendríamos un hijo y que le llamaríamos Juan.

Su misión sería preparar el camino del Mesías que habría de venir pronto.

Ojalá que mis oraciones lleguen a ti mi Dios

Pero, ¿Qué me está pasando? Dios está enviando su ángel para revelarme algo

Pero Zacarías dudó, "soy tan viejo que será imposible."

Entonces Dios le dio una señal como prueba: Zacarías quedó mudo

quienes lo respetan. Con su gran poder ha hecho obras grandiosas: dispersó a los orgullosos que se creen mucho. Dios humilló a los gobernantes, y colocó en lugar de honor a los humildes. Les dio comida a los hambrientos y despidió a

12

Ahí viene Zacarías.

Algo le pasa. ¿Porqué nos está haciendo señales?

Parece que no puede hablar.

Quizás vio una visión

O recibió una revelación

Y yo quedé embarazada. Al fin seré madre.

Que bueno es Dios que ha quitado mi desgracia

María se quedó por tres meses con Elisabet y regresó a su hogar en Nazaret. Llegó el día en que Elisabet dio a luz su hijo. Al octavo día fueron a circuncidar al niño. En esa ocasión el niño debía ser nombrado.

Cuando la circuncisión terminó

¿Qué nombre le van a poner al niño?

Su nombre será Juan

Un buen nombre. Significa Dios es misericordioso.

Pero nadie en su familia tiene ese nombre.

los ricos con las manos vacías. Vino a ayudar a su siervo Israel. No olvidó su promesa de

mostrarnos compasión, tal como se lo prometió a nuestros antepasados, a Abraham y a sus hijos para siempre. María estuvo con Elisabet alrededor de tres meses y luego regresó a su casa. Cuando llegó el momento de dar a luz, Elisabet tuvo un hijo. Sus vecinos y parientes se alegraron al escuchar que el Señor había sido tan bueno con ella. A los ocho días de nacido, cuando el niño

iba a ser circuncidado, vinieron, y querían ponerle
por nombre Zacarías, como su papá. Pero la mamá
levantó la voz y dijo: ¡No! Su nombre debe ser Juan.
Ellos le dijeron: Ninguno de tus familiares se llama
así. Entonces, por señas le preguntaron a Zacarías
qué nombre le quería poner a su hijo. Pidió que le tra-
jeran una tabla en la que escribió: Su nombre es Juan.
Todos se quedaron atónitos. Inmediatamente se le
soltó la lengua y empezó a hablar y a alabar al Señor.

Después de varios meses, María había regresado a Nazaret....

no hay duda, María, mi prometida está embarazada. ¿Ha sido infiel? Tengo que hablar con ella

José, tienes que creerme. Recibí un mensaje del cielo

Mi situación es por el trabajo del Señor. Tengo que dar a luz al Mesías.

María, ¿Como puedo creer eso?

Una cosa tan imposible.

pero no quiero que su reputación sea manchada, me divorciaré de ella de manera secreta.

Porque no soy el padre del niño...dejaré a María

SAN MATEO 1: 18-25

Así fue como ocurrió el nacimiento de Jesucristo: María, la mamá de Jesús, estaba comprometida para casarse con José. Antes de la boda, descubrió que estaba embarazada por el poder del Espíritu Santo. José, su futuro esposo, era un hombre recto y no quería que ella fuera avergonzada en público. Así que hizo planes en secreto para romper el compromiso de matrimonio. Pero mientras pensaba en esto, un ángel del Señor se le apareció en un sueño y le dijo: José, descendiente de David, no tengas miedo de casarte con María, porque el hijo que ella está esperando es por obra del Espíritu Santo. Ella tendrá un hijo y tú le pondrás por nombre Jesús,

Muy pronto después de esto, la boda de José y María se celebraron.

porque él salvará a su pueblo de sus pecados. Todo esto pasó para que se cumpliera lo que el Señor había dicho por medio del profeta:

La virgen quedará embarazada, y tendrá un hijo que será llamado Emanuel (que significa Dios con nosotros). Cuando José despertó, hizo lo que el ángel del Señor le había ordenado: se casó con María. Pero no tuvo relaciones sexuales con ella hasta después de que ella dio a luz un hijo. José le puso por nombre Jesús.

SAN LUCAS 2: 1-20

En esos días el emperador Augusto ordenó que se levantara un censo de todo el mundo habitado. Este primer censo se levantó cuando Cirenio era el gobernador de Siria. Por lo tanto, cada uno tenía que ir a inscribirse a su propio pueblo. Entonces José también salió del pueblo de Nazaret de Galilea. Se fue a Judea, a Belén, al pueblo del rey David, porque era descendiente de él. Se registró con María, quien estaba comprometida con él. Ella estaba embarazada y mientras estaban allí, llegó el momento de

De la oficina del censo fueron donde estaban algunos conocidos.

Dios les bendiga, hermanos.

José. Bienvenido.

Les presento a mi esposa, María. ¿Dónde podemos encontrar posada para ella?

Nuestra casa está llena y ya no tenemos lugar.

José te aconsejo que vayas al establo donde podrán calentarse.

Es una buena idea y también será más tranquilo.

Aquella noche María dio a luz a su hijo en el establo.

Ella lo envuelve en pañales y lo pone en el pesebre.

que diera a luz. Al nacer su hijo primogénito, lo envolvió en retazos de tela y lo acostó en el establo, porque no había ningún lugar para ellos en el cuarto de huéspedes. Cerca de ahí había algunos pastores que pasaban la noche en el campo cuidando su rebaño. De pronto, se les apareció un ángel del Señor. El esplendor de la presencia del Señor los rodeó y se aterrorizaron. El ángel les dijo: No tengan miedo, traigo buenas noticias que les darán mucha alegría a todos. Hoy en el pueblo del rey David, les ha nacido un Salvador, que es Cristo el Señor. Como señal, encontrarán a un bebé envuelto en retazos de

En los campos de Belén, los pastores cuidan de sus rebaños de ovejas en la noche.

¡Escuchen! ¡Buenas nuevas para ustedes! Un niño ha nacido en un establo. Lo reconocerán por ésta señal: estará en un pesebre

Vamos a ver.

Poder nacer en la noche de la nueva estrella en un establo en Belén, la ciudad de David, exactamente el día que toda la familia está aquí para el censo.

Eso es una señal, El será el futuro pastor de nuestro pueblo, el Mesías anunciado.

Dios viene a nosotros. El cielo está iluminado. Oigo cánticos: ¡Gloria a Dios en las alturas!

Ciertamente, éste niño es el escogido

Al octavo día el niño fue circuncidado. De esa forma es sellado como un niño nacido bajo el pacto de Dios con Israel.

Al siguiente día, la noticia se conoce en toda la ciudad de Belén.

José, ¿Cómo llamarás al niño?

Su nombre es Jesús

Eso significa: Dios nos salva.

a Dios en los cielos! ¡Que haya paz en la tierra para la gente que agrada a Dios! Los ángeles se fueron al cielo, y los pastores empezaron a decir: Vamos a Belén a ver lo que ha sucedido y que el Señor nos ha anunciado. Así que fueron de prisa y encontraron a María y a José, y vieron al bebé acostado en el pesebre. Cuando los pastores lo vieron, les contaron a todos lo que se les había dicho acerca del niño. Todos los que escucharon se asombraron de lo que los pastores les contaron, pero María reflexionaba sobre todo esto y trataba de entenderlo. Después los pastores regresaron alabando a Dios por su grandeza, por todo lo que habían visto y oído. Todo había sucedido como se les había dicho.

tela, acostado en un pesebre. De repente, junto al ángel, apareció una gran multitud de ángeles del cielo, y todos alababan a Dios: ¡Alaben

SAN LUCAS 2: 22-35

Llegó el día en que José y María debían ser purificadosb como decía la ley de Moisés. Así que llevaron a Jesús a Jerusalén para presentarlo al Señor. Está escrito en la ley del Señor: Todo primer varón debe ser dedicado al Señor. Fueron a ofrecer el sacrificio tal como la ley del Señor dice: Ofrezcan un par de tórtolas o dos pichones. Había un hombre en Jerusalén que se llamaba Simeón. Dedicaba su vida a Dios y hacía su voluntad. Vivía esperando el tiempo en que Dios le trajera consuelo a Israel. El Espíritu Santo estaba con él y le había dado a conocer que no moriría sin haber visto al Cristo, a quien el Señor enviaría. El Espíritu guió a Simeón al área del templo. Cuando María y José trajeron al niño Jesús al templo para cumplir la ley, él estaba ahí. Simeón tomó al niño en sus brazos y alabó a Dios: Ahora, Señor, puedes dejar que tu siervo muera en paz, como lo prometiste. He visto con mis propios ojos cómo nos vas a

Los padres de Jesús se asombraron por lo que Simeón decía sobre él. Entonces Simeón les dio su bendición y le dijo a María, la mamá de Jesús: Dios ha escogido a este niño. Por él, en Israel muchos caerán y muchos se levantarán. Él será una señal de Dios que muchos no aceptarán. Sacará a la luz las

salvar. Todas las naciones podrán ver ahora cuál es tu plan. Él será una luz que alumbrará a todas las naciones, y traerá honor a tu pueblo Israel.

verdaderas intenciones de muchos, las cuales han estado secretas hasta ahora. También te hará sufrir como si te traspasara una espada.

SAN MATEO 2: 1-12

Jesús nació en Belén de Judea, cuando gobernaba el rey Herodes.

Después de su nacimiento, llegaron a Jerusalén unos sabios del oriente, y preguntaron: ¿Dónde está el rey de los judíos recién nacido? Pues vimos su estrella cuando salió y venimos a adorarle. Cuando el rey Herodes oyó esto, se preocupó mucho al igual que toda la gente de Jerusalén. Fue así como reunio a todos los jefes de los sacerdotes

y a los maestros de la ley, y les preguntó dónde iba a nacer el Cristo. Ellos le dijeron: En Belén, en la provincia de Judea, porque eso fue lo que escribió el profeta: "Y tú, Belén, de la tierra de Judá, eres importante entre los gobernantes de Judá. Porque de ti saldrá un gobernante que guiará como un pastor a mi pueblo Israel". Entonces Herodes llamó a los sabios y se reunió en secreto

Los días pasaron...el Rey Herodes espera en el palacio.

Los sabios del Oriente no han regresado.

No hay dudas de que ellos escondieron al descendiente de David para quitarme el trono...

Ahogaré la conspiración en sangre

Ve con tus soldados a Belén. Encuentra a todos los niños menores de dos años en la villa y sus alrededores y mátenlos.

¡María! ¡Levántate! He recibido un aviso del cielo. El niño no estará protegido aquí.

Vamos a escapar con el niño a Egipto.

Después de haber estado en Egipto por un tiempo, José y María regresaron a Nazaret en Galilea.

Allí Jesús creció y aprendió siendo obediente a sus padres.

A los treinta años fue bautizado por Juan el Bautista.

con ellos. Averiguó el tiempo exacto en que había aparecido la estrella. Luego los mandó a Belén y les dijo: Vayan y averigüen todo lo que puedan acerca de ese niño y, cuando lo sepan todo, avísenme para que yo también pueda ir a adorarle. Ellos oyeron al rey y se fueron. La estrella que habían visto salir iba delante de ellos hasta que se detuvo sobre el lugar donde estaba el niño. Cuando ellos vieron la estrella, se alegraron muchísimo. Entraron en la casa y vieron al niño con María, su mamá; y postrándose lo adoraron. Abrieron

sus cofres y sacaron unos regalos para él: oro, incienso y mirra. Después, Dios les dijo en un sueño que no volvieran a donde estaba Herodes, así que regresaron a su país por otro camino.

SAN JUAN 1: 35-42

Al día siguiente, Juan estaba allí de nuevo y
Cuando vio pasar a Jesús, dijo: Miren, este es

dos de sus seguidores lo acompañaban.

el Cordero de Dios. Cuando los dos seguidores lo escucharon decir esto, siguieron a Jesús. Jesús se dio la vuelta, vio que lo seguían y les preguntó: ¿Qué quieren? Ellos le dijeron: Rabí, (que significa: Maestro) ¿dónde te estás quedando? Jesús les contestó: Vengan a ver. Entonces ellos fueron y vieron dónde se estaba quedando y pasaron ese día con él. Eso fue como a las cuatro de la tarde. Andrés, hermano de Simón Pedro, fue uno de los que oyó a Juan y siguió a Jesús. Primero buscó a su hermano Simón y le dijo: Encontramos al Mesías (que significa: Cristo). Andrés llevó a Simón Pedro a donde estaba Jesús. Jesús lo vio y dijo: Tú eres Simón el hijo de Juan, tu nombre será Cefas (que significa: Pedro).

SAN JUAN 2: 1-11

Dos días después hubo una boda en Caná de Galilea. La mamá de Jesús fue a la boda. También habían invitado a Jesús y a sus seguidores. Cuando se acabó el vino, la mamá de Jesús le dijo: Ya no tienen vino. Jesús le dijo: Mamá, ¿yo qué tengo que ver con eso? Todavía no ha llegado mi hora. La mamá de Jesús les dijo a los que estaban sirviendo: Hagan todo lo que él les diga. En ese lugar había seis vasijas de piedra y cada una podía contener entre ochenta y ciento veinte litrosc de agua. Los judíos

las usaban para lavarse en sus ceremonias. Jesús les dijo a los que servían: Llenen las vasijas con agua. Entonces las llenaron hasta el borde. Luego Jesús les dijo: Ahora saquen un poco de agua y llévenla al encargado del banquete. Entonces llevaron el agua al encargado. Este probó el agua que se había convertido en vino. Él no sabía de dónde lo habían sacado, pero los siervos sí. Después, el encargado del banquete llamó al novio y le dijo: Todo el mundo sirve el mejor vino primero. Cuando los

invitados se emborrachan, sirven el más barato. Pero tú has guardado el major vino hasta ahora. Esta fue la primera de las señales milagrosas que Jesús hizo. Sucedió en Caná de Galilea. Así mostró su grandeza y sus seguidores creyeron en él.

SAN LUCAS 4: 38-40

Jesús salió de la sinagoga y fue a casa de Simón. La suegra de Simón tenía una fiebre muy alta y le rogaron a Jesús que la ayudara. Jesús se acercó y le ordenó a la fiebre que saliera de ella, y la fiebre la dejó. En ese mismo instante se puso de pie y empezó a atenderlo a todos. Al ponerse el sol, la gente llevó a Jesú a todos los que padecían de diversas enfer medades. Él impuso las manos sobre cada un de ellos y los sanó.

Jna vez Jesús estaba a la orilla del lago de
Genesaret. La gente lo apretujaba, tratando de
scuchar la palabra de Dios. Jesús vio dos
otes que los pescadores habían dejado en la
rilla para lavar sus redes. Jesús subió al de
imóna y le pidió que lo alejara un poco de la
rilla. Luego se sentó y le enseñó a la

multitude desde el bote. Cuando terminó de
hablar le dijo a Simón: Lleva el bote a aguas
profundas y lancen las redes para pescar.

31

Simón le respondió: Maestro, estuvimos trabajando toda la noche y no pescamos nada. Pero si tú lo dices, lanzaré las redes. Los pescadores lanzaron las redes al agua y atraparon tantos peces que las redes se rompían. Entonces les hicieron señales a sus compañeros del otro bote para que los ayudaran. Ellos fueron y llenaron tanto los dos botes que casi se hundían. Al ver esto Simón Pedro se arrodilló delante de Jesús y le dijo

Aléjate de mí, Señor, porque soy un pecador. Es que él y todos sus compañeros se llenaron de asombro por la gran pesca que habían hecho. Santiago y Juan, los hijos de Zebedeo y compañeros de Simón, también estaban asombrados. Entonces Jesús le dijo a Simón: No tengas miedo. De ahora en adelantevas a pescar gente. Ellos trajeron sus botes a la orilla, y dejaron todo para seguir a Jesús.

SAN MATEO 4: 23-25

Jesús andaba por toda la región de Galilea, enseñando en las sinagogas y anunciando el mensaje de las buenas noticias del reino. Iba entre la gente sanando toda enfermedad y dolencia. Su fama se difundió por toda Siria. Le traían a todos los que padecían de diversas enfermedades y a los que sufrían graves dolores. También le traían a los atormentados por algún demonio, a los epilépticos y a los paralíticos, y él los sanaba. Muchísima gente de Galilea, de Decápolis, de Jerusalén, de Judea del otro lado del río Jordán seguía a Jesús.

SAN LUCAS 5: 12-14

Un día, Jesús estaba en un pueblo donde había un hombre con lepra en todo el cuerpo. Cuando vio a Jesús se postró rostro en tierra delante de él y le rogó: Señor, si quieres, puedes quitarme esta enfermedad. Entonces Jesús extendió la mano, lo tocó y dijo: Sí quiero.¡Sana ya! En ese mismo instante la lepra desapareció. Jesús le ordenó: No se lo cuentes a nadie. Ve y preséntate ante el sacerdote y da la ofrenda por haber sido sanado, como lo ordenó Moisés. Esto mostrará a la gente el poder de Dios.

Capernaúm es una ciudad en la frontera. Hay una oficina de aduanas.

¡Eh! ¿Estás soñando acerca de todo tu dinero?

Estoy pensando acerca de ese Jesús de quien todo el mundo está hablando...él tiene algo especial.

No me hagas reír. Tú, un cobrador de impuestos que trabajas para el imperio, nuestros enemigos.

Tú, una persona gozando de la vida en fiestas y mujeres. A él no le gusta gente como tú.

Tú tienes razón. Ahí viene Jesús.

Hola, Mateo. ¿Quieres ser mi discípulo?

Qué? ¿Yo?

Entonces de repente.

Jesús, prometo seguirte.

¡Amigo, tengo grandes noticias!

Voy a dejarlos y seguir a los seguidores de Jesús. ¿Están asombrados? El me pidió que le siguiera.

Para celebrar mi despedida, daré un gran banquete. Jesús estará en la fiesta.

SAN MATEO 9: 9-13

Jesús ya se iba cuando vio a un hombre llamado Mateo sentado en el lugar donde se pagaban los impuestos. Jesús le dijo: Sígueme. Entonces Mateo se levantó y lo siguió. Jesús estaba comiendo en la casa de Mateo y allí llegaron muchos cobradores de impuestos y pecadores.Todos comieron con Jesús y sus seguidores. Cuando los fariseos vieron esto, empezaron a preguntar a los seguidores de Jesús: ¿Cómo es que su maestro está comiendo con los cobradores de impuestos y pecadores? Jesús los oyó y les dijo:Los sanos no necesitan médico, los enfermos sí. Así que vayan y averigüen lo que significan estas palabras: "Yo no quiero sacrificios, sino que ustedes tengan compasión".a Pues yo no he venido a invitar a los buenos a que me sigan, sino a los pecadores.

Una de las siguientes noches.

Jesús, aquí hay algunos de los Fariseos. Ellos nos espían...dicen que están ofendidos y enojados.

De verdad que sí.

Un profeta bueno ese.

Míralo. El festeja con esos cobradores de impuestos y con lo peor de la sociedad.

Ustedes no entienden. Los sanos no necesitan de médico, sino los enfermos. Está escrito: "Misericordia quiero."

...y no sacrificio. Me deleito en el misericordioso y compasivo."

Un día la multitud se reunió en la casa de Simón, el pescador, donde Jesús estaba; todos querían verle.

Investiguemos a Jesús. Le seguiremos secretamente.

Debemos darnos prisa si queremos estar en la casa...

La puerta está bloqueada con tanta gente. No podemos entrar.

Por favor, hagan algo. Debemos ver a Jesús. Solo él puede curarme.

SAN MARCOS 2: 1-12

Unos días después Jesús regresó al pueblo de Capernaúm. Se escuchó el rumor de que él estaba en casa. Se reunió tanta gente que no quedaba espacio ni en la puerta. Cuando Jesús les estaba enseñando, llegaron cuatro hombres cargando a un paralítico. Pero como había tanta gente, no podían acercarlo a Jesús. Así que decidieron quitar parte del techo y hacer un hueco por donde bajaron la camilla con el enfermo.

Cuando Jesús vio la fe que tenían, le dijo al paralítico: Hijo, tus pecados quedan perdonados.

Entre la multitud estaban sentados unos maestros de la ley que pensaban: ¿Por qué se atreve este hombre a hablar así? Es una ofensa a Dios, sólo Dios puede perdonar pecados. Jesús supo inmediatamente lo que estaban pensando y les dijo: ¿Por qué están pensando así? Tal vez piensen que es más fácil que yo diga a este paralítico: "Tus pecados quedan perdonados", porque eso no se puede comprobar. Pero

si le digo: "¡Levántate, recoge tu camilla y anda!" y así sucede, entonces quedará comprobado que el Hijo del hombre tiene en la tierra el poder de perdonar pecados. Así que Jesús le dijo al paralítico: A ti te digo: ¡levántate, recoge tu camilla y vete a tu casa! Entonces, el hombre se levantó, y en seguida recogió su camilla y salió caminando frente a todos. Todos estaban asombrados y alababan a Dios diciendo: Nunca hemos visto algo así.

Unos días más tarde, en la villa de Magdala, no lejos de Capernaúm, en frente de la casa de Simón el rico.

Simón, el famoso Jesús viene para acá. Te queremos decir que debes tener cuidado.

Lo estamos investigando. Cuando lo invites a comer, le podremos ver de cerca y le haremos hablar.

Está bien. Entren y tomen un descanso de su largo viaje.

Cuando Jesús llegó a la villa todos estaban en expectativa.

¡Jesús de Nazaret! ¡Bienvenido! Tu fama ha llegado hasta aquí.

Aquí está el famoso Jesús quien no desprecia a nadie, ni aun a las mujeres de mi clase.

Le he informado a la gente importante del pueblo. Te invitamos a comer.

Acepto su invitación.

Esta noche él estará con los Fariseos. Será una noche especial para mi.

SAN LUCAS 7: 36-50

Uno de los fariseos invitó a Jesús a comer. Él fue a la casa del fariseo y ocupó su lugar en la mesa. Había en el pueblo una mujer de mala vida. Cuando se enteró de que Jesús estaba comiendo en la casa del fariseo, le llevó un frasco de alabastro con perfume en aceite. Se colocó detrás de Jesús, llorando a sus pies y empezó a mojarle los pies con sus lágrimas. Los secó con su cabello, los besó y los ungió con el perfume en aceite. Al ver esto, el fariseo que había invitado a Jesús a comer se dijo a sí

mismo: Si este hombre fuera un profeta, sabría qué clase de mujer es esta que lo está tocando. Sabría que es una pecadora. Entonces Jesús respondiendo a lo que el fariseo estaba pensando, dijo: Simón, tengo algo que decirte. Simón le dijo: Dime, Maestro. Jesús dijo: Dos hombres tenían una deuda con un prestamista. Uno le debía quinientas monedas de plata y el otro le debía cincuenta. Ninguno de los dos tenía dinero y no podían pagar la deuda. El prestamista les dijo que les perdonaba la deuda. ¿Cuál de los dos lo amará más? Simón respondió: Me imagino que el que le debía más.

Él le dijo: Tienes razón. Jesús miró a la mujer y le dijo a Simón: ¿Ves a esta mujer? Vine a tu casa y no me diste agua para lavarme los pies, mientras que ella los ha mojado con sus lágrimas y los ha secado con su cabello. Tú no me saludaste con un beso, pero desde que llegué, ella no ha cesado de besarme los pies. No me diste aceite para arreglarme el cabello, pero ella ungió mis pies con perfume en aceite. Te digo que se puede ver que sus muchos pecados le han sido perdonados y por eso ahora me demostró mucho amor. Pero el que siente muy poca necesidad de ser perdonado, demostrará poco amor cuando sea perdonado. Entonces Jesús le dijo a la mujer: Tus pecados son perdonados. Los que estaban comiendo con ellos se dijeron a sí mismos: ¿Quién es este hombre que se atreve a perdonar pecados? Pero Jesús le dijo a la mujer: Has sido salva porque creíste. Vete en paz.

SAN LUCAS 7: 11-17

Después Jesús fue a un pueblo llamado Naín. Sus seguidores y una gran multitud lo acompañaba. Cuando él llegó cerca de la entrada del pueblo, llevaban a enterrar al hijo único de una viuda. La viuda iba acompañada de mucha gente. Cuando el Señor la vio, tuvo compasión de ella y le dijo: No llores. Se acercó y tocó el ataúd. Los que lo llevaban se detuvieron y Jesús dijo: Joven, yo te digo: ¡levántate! El joven se sentó, empezó a hablar y Jesús se lo entregó a su mamá. Todos se llenaron de temor y alababan así a Dios: Un gran profeta está entre nosotros. También decían: Dios ha venido a ayudar a su pueblo. Esta noticia se divulgó por toda Judea y sus alrededores.

43

SAN JUAN 6: 1-15

Después de esto, Jesús cruzó el lago de Galilea o lago Tiberias. Mucha gente seguía a Jesús porque veía las señales milagrosas que hacía al sanar a los enfermos. Jesús subió a la colina y se sentó allí con sus seguidores. Ya estaba cerca la fiesta de la Pascua judía. Cuando Jesús miró alrededor, vio a la multitud que se le acercaba y le dijo Felipe: ¿Dónde podremos comprar suficiente pan para que toda esta gente pueda comer? Jesús le dijo esto para ponerlo a prueba, pues ya sabía lo que iba a hacer. Felipe le respondió: Todos tendríamos que trabajar durante un mes para poder comprar suficiente pan para que cada uno coma aquí aunque sea un poquito. Otro seguidor de Jesús, Andrés, que era el hermano de Simón Pedro, le dijo: Aquí hay un niño que tiene cinco panes de cebada y dos pescados, pero no es suficiente para tanta gente. Jesús le dijo: Hagan que toda la gente se siente. Era un prado amplio y se pudieron sentar los cinco mil hombres que había. Entonces Jesús

tomó los panes y después de dar gracias a Dios se los dio a los que estaban allí. Así mismo repartió el pescado. Todos comieron lo que quisieron. Cuando quedaron satisfechos, Jesús les dijo a sus seguidores: Recojan los pedazos que sobraron para no desperdiciar nada. Los seguidores los recogieron hasta llenar doce canastas con las sobras de pan de cebada. Al ver esta señal milagrosa la gente decía:

¡Seguro que este hombre es el Profeta que iba a venir al mundo! Jesús se dio cuenta de que lo iban a hacer rey a la fuerza. Por eso subió otra vez a la colina para estar solo.

SAN MATEO 16: 13-17

Cuando Jesús vino a la región de Cesarea de Filipo, les preguntó a sus seguidores: Yo soy el Hijo del hombre, pero ¿quién dice la gente que soy yo? 14 Ellos contestaron: Algunos creen que eres Juan el Bautista, otros dicen que eres Elías y otros que eres Jeremías o uno de los profetas. Jesús les dijo: Y ustedes, ¿quién creen que soy yo? Simón Pedro le respondió Tú eres el Cristo, el Hijo del Dios viviente Jesús le dijo: Simón, hijo de Jonás, qué afortunadoa eres porque no fue un ser humano el que te lo reveló, sino mi Padre que está en el cielo

SAN MATEO 20: 20-23

Entonces la mamá de los hijos de Zebedeo se acercó a Jesús Acompañada de sus hijos. Se arrodilló delante de él y le pidió un favor. Jesús le preguntó: ¿Qué es lo que quieres? Ella le dijo: Prométeme que estos dos hijos míos se podrán sentar y gobernar contigo en tu reino. Quiero que se sienten el uno a tu derecha y el otro a tu izquierda. Jesús contestó: Ustedes no saben lo que están pidiendo. ¿Están dispuestos a tomar el mismo trago amargo que yo voy a tomar? Ellos dijeron: Sí lo estamos. Él les dijo: Ustedes ciertamente tomarán el mismo trago amargo que yo voy a tomar, pero yo no doy el privilegio de sentarse a mi derecha y a mi izquierda a gobernar. Ese privilegio se les dará a los que mi Padre haya dispuesto.

47

SAN MATEO 16: 21-23

Desde entonces, Jesús comenzó a explicarles a sus seguidores que tendría que ir a Jerusalén, y que los ancianos líderes, los jefes de los sacerdotes y los maestros de la ley lo harían sufrir mucho. Tendría que morir, pero a los tres días resucitaría. Entonces Pedro se lo llevó aparte y comenzó a reprenderlo: Señor, Dios tenga compasión de ti.¡Que nunca te suceda eso! Jesús se volvió y le dijo: ¡Largo de aquí, Satanás! ¡Me estás estorbando! A ti no te preocupan las cosas de Dios, sino las de la gente.

..."Estás hambriento", me dijo, "pero si eres el Hijo de Dios, dile a estas rocas que se hagan pan."

...Yo rechacé la tentación de evitar el sufrir por hambre -el hombre no vive de pan solamente sino de toda palabra que sale de la boca de Dios.

Rechazo la tentación de ser un Mesías que la gente adore por sensacionalista.

Otra vez estaba en la parte más alta del templo. "Tírate", el Diablo dijo, "nada te pasará si eres el Hijo de Dios. El te protegerá y la gente te adorará."

SAN MATEO 4: 1-11

Luego, el Espíritu llevó a Jesús al desierto para que fuera tentado por el diablo. Después de no comer nada durante cuarenta días y cuarenta noches, Jesús tenía mucha hambre. Entonces el diablo vino para ponerlo a prueba y le dijo: Si tú eres el Hijo de Dios, diles a estas piedras que se vuelvan pan. Pero Jesús le respondió: En las Escrituras dice: "No sólo de pan vive el hombre; sino de toda palabra que Dios dice".a Luego, el diablo llevó a Jesús a la ciudad santa de Jerusalén. Lo subió a lo alto de un extremo del área del templo, y le dijo: Si eres el Hijo de Dios, salta desde aquí porque en las Escrituras dice: "Él mandará a sus ángeles que te cuiden. Sus manos te rescatarán para que ni siquiera te

49

lastimes los pies contra las piedras". Jesús le dijo: Pero también en las Escrituras dice: "No pongas a prueba al Señor tu Dios". Después el diablo llevó a Jesús a una montaña muy alta y le mostró todos los reinos del mundo con toda su grandeza. El diablo le dijo: Te daré todo esto si te arrodillas y me adoras. Jesús le dijo:

¡Largo de aquí Satanás! Porque en las Escrituras dice: "Adora al Señor tu Dios y sírvele solamente a él". Entonces el diablo se fue, y los ángeles vinieron a cuidar a Jesús.

He escogido a ustedes tres para enseñarles algo extraordinario.

En un monte Moisés y Elías recibieron ánimo de Dios.

Y delante de ellos se transfiguró. Una luz más radiante que el sol le envolvía. Moisés y Elías aparecieron y hablaban con Jesús.

Al terminar la transfiguración, ellos adoraron a Jesús.

Después bajaron del monte.

SAN MATEO 17: 1-8

Seis días después, Jesús llevó a Pedro, a Santiago y a su hermano Juan a una montaña alta donde estaban solos. Allí, frente a ellos, Jesús se transformó. Su cara comenzó a brillar como el sol, y su ropa se volvió tan blanca como la luz. Entonces se les aparecieron Moisés y Elías hablando con Jesús. Pedro le dijo a Jesús: Señor, qué bueno que estemos aquí. Si quieres hago tres chozas: una para ti, una para Moisés y otra para Elías. Mientras Pedro hablaba, una nube brillante los envolvió y desde la nube se escuchó una voz que dijo: Este es mi Hijo amado con el que estoy muy contento. ¡Obedézcanlo! Cuando los

seguidores oyeron esto, se asustaron tanto que se cayeron al suelo. Entonces Jesús vino, los tocó y dijo: Levántense y no tengan miedo. Los seguidores miraron para todos lados, pero vieron que Jesús estaba solo.

SAN MATEO 21: 1-17

Cuando Jesús y sus seguidores estaban cerca de Jerusalén y habían llegado a Betfagé en el monte de los Olivos, él envió a dos de sus seguidores con estas instrucciones: Vayan a la aldea que está enfrente. Allá van a encontrar una burra atada y también un burrito. Desátenlos y tráiganmelos. Si alguien les dice algo, díganle: "El Señor los necesita, pero él los devolverá después". Esto sucedió para que se cumpliera lo que dijo uno de los profetas: Díganle a la ciudad de Sión: "¡Mira! Tu rey se está acercando a ti, es humilde y viene montado en un burro, sí,

en un burrito, cría de un animal de carga". Los seguidores se fueron e hicieron lo que Jesús les había dicho. Trajeron la burra y el burrito, pusieron sobre ellos su ropa y Jesús se sentó encima. Mucha gente extendía sus mantos sobre el camino. Otros cortaban ramas de los árboles y las extendían en el camino. Los que caminaban al frente de él y los que lo seguían, gritaban ¡Viva el Salvador, el Hijo de David! ¡Bendito el que viene en el nombre del Señor! ¡Viva

La procesión ha llegado al templo. Los mendigos, pobres y enfermos le siguen.

Ahora son los niños que están aclamando a Jesús.

Dios que está en los cielos! Cuando Jesús entró a Jerusalén, toda la ciudad se alborotó. Unos preguntaban: ¿Quién es este hombre? La gente contestaba: Este es el profeta Jesús, de Nazaret de Galilea. Entonces Jesús entró al área del templo. Comenzó a echar a todos

los que estaban comprando y vendiendo ahí. y los asientos de los que vendían palomas. Volteó las mesas de los que cambiaban dinero Jesús les dijo: Las Escrituras dicen: "Mi casa

sera llamada casa de oración". ¡Pero ustedes la están convirtiendo en una "guarida de ladrones"! Unos ciegos y cojos se acercaron a Jesús en el área del templo y él los sanó. Pero cuando los jefes de los sacerdotes y los maestros de la ley vieron las maravillas que él había hecho y a los niños gritando en el área del templo: ¡Viva el Salvador, el Hijo de David!, se enojaron. Le preguntaron a Jesús:—¿Oyes lo que estos niños están diciendo? Jesús les contestó: Sí, los oigo. ¿No han leído la Escritura sobre esto? "Tú lo has hecho para que hasta los niños y los bebés canten alabanzas". Entonces él los dejó y salió de la ciudad para Betania donde pasó la noche.

Claro que esto fue un juego de palabras...Jesús hablaba de su cuerpo.
Después de morir, El resucitaría al tercer día. Después de la resurrección,
los discípulos se acordaron de esto y entendieron lo que Jesús dijo. Jesús
dejó los Fariseos confundidos y salió del templo.

SAN JUAN 11: 47-50

Entonces los jefes de los sacerdotes y los fariseos llamaron a una reunión del Consejo, y dijeron: ¿Qué vamos a hacer? Este hombre está haciendo muchas señales milagrosas. Si dejamos que siga con esto, todo el mundo va a creer en él. Entonces vendrán los romanos y destruirán nuestro templo y nuestra nación. Pero uno de ellos, llamado Caifás, que era el sumo sacerdote ese año, dijo: Ustedes no saben nada. Es mucho mejor para ustedes que muera solamente un hombre por el pueblo y no que sea destruida toda la nación.

SAN MATEO 26: 3-5 + 14-16

En ese tiempo, los jefes de los sacerdotes y los ancianos líderes del pueblo se reunieron en el patio del palacio de Caifás, el sumo sacerdote. Hacían planes para arrestar a Jesús mediante algún engaño y matarlo. Pero decían: No debemos hacerlo durante la fiesta, para que no haya un disturbio entre el pueblo. Entonces uno de los doce seguidores llamado Judas Iscariote fue a los jefes de los sacerdotes y les dijo: ¿Qué me dan ustedes si les entrego a Jesús? Entonces ellos le ofrecieron treinta monedas de plata. Desde ese momento, Judas empezó a buscar una oportunidad para traicionar a Jesús.

Por unos días, Jesús y sus discípulos estuvieron escondidos mientras que los siervos del sumo sacerdote buscaban oportunidad para atraparle.

Hoy se celebran las Pascuas. Vayan y preparen todo para tener la comida de Pascuas.

Bien. Pero ¿dónde? ¿Con quién?

He reservado un lugar en casa de cierto hombre en Jerusalén. Díganle que vamos a celebrar las Pascuas.

Al llegar a la ciudad encontrarán a un hombre cargando agua. Síganlo donde él entre; ahí es.

Jesús ya no confía en mi, pero como tesorero estoy a cargo de preparar la cena de las Pascuas. Así que sabré donde es el lugar.

Le podría informar a las autoridades y ellos podrían arrestarle.

Algunas horas más tarde....

Mujeres llevando tinajas, no es nada especial.

Pero veo a un hombre con una tinaja lo cual es diferente. Seguramente que es el hombre. Vamos a seguirle.

SAN LUCAS 22: 7-12

Llegó el día de la fiesta de los panes sin levadura, cuando se mataba al cordero para la Pascua. Jesús les dijo a Pedro y a Juan: Vayan y preparen la cena de la Pascua para que podamos cenar. Ellos le dijeron a Jesús: ¿En dónde quieres que la preparemos? Él les dijo: Cuando entren a la ciudad verán aun hombre que lleva un cántaro de agua. Síganlo a la casa donde entre y díganle al dueño: "El Maestro pregunta: ¿Dónde está el cuarto donde voy a celebrar la Pascua con mis seguidores?" Entonces el dueño les mostrará un cuarto grande en el piso de arriba, ya arreglado. Preparen la cena allí.

SAN JUAN 13: 2-11 + 21-30

Estaban comiendo. El diablo ya había puesto en la mente de Judas Iscariote, hijo de Simón, que traicionara a Jesús. Jesús sabía que el Padre le había dado poder sobre todo, y sabía que había venido de Dios e iba a regresar a

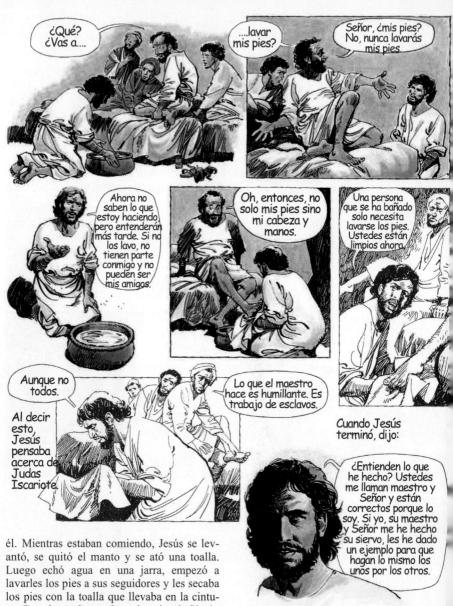

¿Qué? ¿Vas a....

....lavar mis pies?

Señor, ¿mis pies? No, nunca lavarás mis pies

Ahora no saben lo que estoy haciendo pero entenderán más tarde. Si no los lavo, no tienen parte conmigo y no pueden ser mis amigos.

Oh, entonces, no solo mis pies sino mi cabeza y manos.

Una persona que se ha bañado solo necesita lavarse los pies. Ustedes están limpios ahora.

Aunque no todos.

Al decir esto, Jesús pensaba acerca de Judas Iscariote.

Lo que el maestro hace es humillante. Es trabajo de esclavos.

Cuando Jesús terminó, dijo:

¿Entienden lo que he hecho? Ustedes me llaman maestro y Señor y están correctos porque lo soy. Si yo, su maestro y Señor me he hecho su siervo, les he dado un ejemplo para que hagan lo mismo los unos por los otros.

él. Mientras estaban comiendo, Jesús se levantó, se quitó el manto y se ató una toalla. Luego echó agua en una jarra, empezó a lavarles los pies a sus seguidores y les secaba los pies con la toalla que llevaba en la cintura. Cuando estaba por lavar los pies de Simón Pedro, este dijo: Señor, ¿tú vas a lavar mis pies? Jesús le contestó: Ahora no entiendes lo que estoy haciendo, pero después lo entenderás. Pedro le dijo: ¡Tú nunca vas a lavarme los pies! Jesús le respondió: Si no te lavo los pies, no podrás ser de los míos. Pedro le dijo: Señor, ¡entonces no me laves sólo los pies sino también las manos y la cabeza! Jesús l dijo: El que ya se bañó no necesita lavarse má

Al principio de la comida Jesús y los discípulos comen las ensaladas para que recuerden el tiempo de opresión que sus padres vivieron en Egipto antes del gran éxodo.

Amigos, tengo algo triste que decirles: uno de ustedes me traicionará.

De verdad, uno de ustedes que come en ésta mesa.

¿Qué? Eso no es posible. Es algo terrible.

¿Quién haría algo así?

Ni yo.

Espero que yo no sea ese.

Simón Pedro le hizo señas a Juan para que le preguntara a Jesús quién sería para tratar de evitar la traición.

que los pies, porque todo su cuerpo ya está limpio. Ustedes están limpios, pero no todos. Él sabía quién lo iba a traicionar, por eso dijo: pero no todos. Después de haber dicho esto, Jesús se entristeció profundamente y declaró: Les digo la verdad: uno de ustedes me traicionará. Sus seguidores empezaron a mirarse unos a otros, sin tener idea acerca de quién estaba hablando.

Al lado de Jesús estaba el seguidor a quien Jesús amaba. Entonces Simón Pedro le hizo señas para que le preguntara a Jesús de quién estaba

hablando. Este seguidor se acercó aun más a Jesús para preguntarle: Señor, ¿quién es? Jesús le respondió: Voy a mojar pan en el plato. Después lo daré al que me va a traicionar. Lo tomó y se lo entregó a Judas Iscariote, el hijo de Simón. En cuanto Judas recibió el pan, Satanás entró en él. Jesús le dijo: Haz rápido lo que vas a hacer. Pero ninguno de los que estaban comiendo con él supo por qué le había dicho esto. Como Judas era el encargado del dinero, algunos pensaron que Jesús quería que comprara algo para la fiesta. Otros pensaron que quería que le dieran algo a los pobres. Al recibir el pan, Judas se fue inmediatamente. Ya era de noche.

SAN LUCAS 22: 19-20

Entonces Jesús tomó el pan. Dio gracias a Dios, lo partió, se lo dio a los apóstoles y dijo: Este pan es mi cuerpo que doy por ustedes. Cómanlo como recordatorio. De la misma manera, después de la cena tomó la copa y dijo: Esta copa de vino es mi sangre que es derramada por ustedes y establece el nuevo pacto entre Dios y su pueblo.

Después de comer el pan, Jesús tomó la copa y dio gracias...

Gracias, Padre, por el fruto de la vid....

...y añadió: "Tomad....

....beban ésta copa de la nueva alianza en mi sangre, la cual es derramada por muchos para el perdón de sus pecados.

Haced esto en memoria de mí.

Entonces comenzaron a cantar himnos de Pascuas.

¿A dónde nos lleva?

¿A dónde nos lleva?

SAN MARCOS 14: 26-72

Todos cantaron una canción de alabanza y fueron al monte de los Olivos. Allí Jesús les dijo: Todos ustedes perderán la fe, porque así está escrito: "Mataré al pastor y todas las ovejas saldrán corriendo". Pero después de resucitar regresaré e iré a Galilea antes que ustedes. Pedro le dijo: Aunque todos los demás pierdan la fe, yo no perderé mi fe. Jesús le respondió: Te digo la verdad: esta misma noche, antes de que el gallo cante, dirás tres veces que no me conoces. Pero Pedro insistió: Aunque me tocara morir contigo, nunca diré que no te conozco. Y todos los demás decían lo mismo. Jesús y sus seguidores fueron a un lugar llamado

Jesús tomó a los tres discípulos con él.

Quiero compartirles que estoy muy triste hasta la muerte.

Vigilen conmigo y estén alertas. Yo iré, y me retiraré un poco para orar.

Jesús regresa a sus discípulos para encontrar consuelo con ellos, pero....

Abba, Padre, todo es posible para ti. Evita que yo tenga que sufrir lo que viene,

...pero que tú voluntad sea hecha, no la mía.

¡Simón! ¿Duermes? ¿No has podido velar por una hora?

Getsemaní, y él les dijo: Siéntense aquí mientras voy a orar. Jesús les pidió a Pedro, Santiago y Juan que lo acompañaran. Luego

Jesús empezó a sentirse afligido y a angustiarse mucho. Jesús les dijo: Siento que me voy a morir de tristeza. Quédense aquí y estén alerta. Caminó un poco, se inclinó al suelo y comenzó a orar. Pidió a Dios que, de ser posible, no tuviera que pasar por ese momento difícil, diciendo: Abba, Padre, para ti todo es posible. Líbrame de este trago amargo, pero no hagas lo que yo quiero, sino lo que tú quieras. Luego Jesús regresó, los encontró durmiendo y le dijo a Pedro: ¿Simón, estás dormido? ¿No pudiste estar despierto ni una hora? Permanezcan alerta y pidan fuerza para resistir la tentación. El espíritu está dispuesto a hacer lo correcto, pero el cuerpo es

70

débil. De nuevo Jesús se alejó para orar y dijo las mismas palabras. Luego regresó a donde estaban los seguidores y los encontró durmiendo. Sus ojos se les cerraban de tanto sueño. Los seguidores no supieron qué responderle. Jesús salió a orar y regresó por tercera vez, y les dijo: ¿Todavía siguen durmiendo y descansando? ¡Ya basta! Ha llegado el momento en que el Hijo del hombre será entregado en manos de pecadores. ¡Levántense! ¡Vámonos! Ya viene el que me va a entregar a esa gente. Cuando Jesús estaba todavía hablando, apareció Judas, que era uno de los doce. Junto con él había mucha gente armada con espadas y palos. Todos ellos habían sido enviados por los jefes de los sacerdotes, los maestros de la ley y los ancianos líderes. El que

71

Después de la sorpresa, los discípulos de Jesús se recobraron...

¿Con qué vienen de noche, secretamente a arrestarnos? ¡Les daré una lección!

¡Nunca la olvidarán!

¡Ay! ¡Ay!

Pedro, guarda tu espada...

porque todos los que usan la espada, morirán por la espada.

¿Soy acaso un ladrón o revoltoso que han venido a arrestarme con espadas y palos?

Todos los días estuve en el templo enseñándoles y no me prendieron...pero ésta es tu hora, en la que reina la oscuridad.

Jesús deja que le arresten y viendo esto, los discípulos huyen y le dejan.

lo traicionó había dado a la gente una señal para reconocer a Jesús: El hombre al que yo bese es Jesús. Arréstenlo y llévenselo preso. Así que Judas se acercó a Jesús y le dijo: ¡Maestro! Y le dio un beso. Entonces lo arrestaron y lo llevaron preso, pero uno de los que estaba cerca de Jesús sacó su espada y le cortó la oreja a uno de los sirvientes del sumo sacerdote. Jesús les dijo: ¿Vinieron a llevarme con espadas y palos como si fuera un criminal?

Yo he estado todos los días con ustedes enseñándoles en el área del templo y nunca me arrestaron. Pero esto sucede para

que se cumpla lo que está en las Escrituras. Entonces, todos los seguidores de Jesús lo dejaron y huyeron. Un joven vestido sólo con una sábana siguió a Jesús y también trataron de arrestarlo. Pero el joven soltó la sábana y huyó desnudo. Luego llevaron a Jesús ante el sumo sacerdote. Se reunieron allí los demás sacerdotes, los ancianos líderes y los maestros de la ley. Pedro siguió a Jesús a cierta distancia

y entró al patio de la casa del sumo sacerdote. Allí se quedó con los guardias y se sentó cerca del fuego para calentarse. Los jefes de los sac- erdotes y todos los miembros del Consejo buscaban alguna excusa para condenar a muert a Jesús, pero no lograban encontrar ninguna.

Jesús es llevado al sumo sacerdote quien ha reunido al Sanedrín los sacerdotes, ancianos y escribas de la ley.

Les he llamado para investigar el caso de Jesús de Nazaret, pues el interés nacional está en juego.

Sus acciones sensacionales han perturbado el orden público. Sus declaraciones en contra del templo y nuestra religión han causado su arresto...

...y llevarlo a nuestras cortes para que pueda ser juzgado de acuerdo a nuestras leyes. ¡Traigan los testigos!

Yo le oí decir: "Puedo destruir éste templo y en tres días lo levantaré."

No, él no dijo eso. El dijo que destruiría éste templo hecho con manos y construiría otro no hecho con manos.

El se atreve a hablar del templo así? ¿Acerca de la Gloria de Dios...de su pueblo...de Jerusalén?

Oficialmente los testigos no están de acuerdo entre ellos....Jesús no contesta nada.. la asamblea está dividida y confundida.

Porque muchos dieron testimonios falsos contra Jesús, pero no coincidían. Algunos dijeron esta falsa acusación: Lo escuchamos decir: "Voy a destruir este templo que los hombres han construido y en tres días voy a construer otro sin ayuda de ningún ser humano". Pero este testimonio tampoco coincidía con los otros. Luego el sumo sacerdote se levantó y frente a todos le preguntó a Jesús: ¿Acaso no vas a responder? ¿Qué significa lo que estos están diciendo en tu contra? Pero Jesús siguió en silencio sin responder. De nuevo el sumo sacerdote le preguntó:¿Eres tú el Cristo, el Hijo

del Santo Dios? Y Jesús le dijo: Sí, lo soy. En el futuro ustedes verán al Hijo del hombre sentado a la derecha del Todopoderoso y lo verán venir en las nubes del cielo. El sumo sacerdote se rasgó la ropa y dijo: ¿Para qué necesitamos más testigos? ¡Ustedes acaban de escuchar semejante ofensa contra Dios! ¿Qué les parece? Y todos lo condenaron a muerte. Algunos le escupieron, le vendaron los ojos y le dieron puñetazos diciendo: ¡Demuéstranos que eres profeta, dinos quién te pegó! Luego los guardias se l[o] llevaron y lo golpearon. Pedro estaba todavía e[n] el patio de la casa del sumo sacerdote. Una de la[s]

El caso está finalizado, pero para cada sentencia de muerte...

...debemos obtener el permiso del Gobernador Romano.

Sí. Es lo correcto. Solo él puede dar la sentencia de muerte. Enviemos a Jesús a Pilato quien está en Jerusalén para la celebración de Pascuas.

Mientras tanto, alrededor del fuego en el patio de la corte,

¡Kikiriki!

No me sorprendería que tú también estubieras con ese Jesús.

De todas maneras, tú eres de Galilea, pues tu acento lo dice.

Pedro comenzó a jurar y a maldecir y les dijo: "Yo no lo conozco."

Pero... oh....

¡Kikiriki!

Pedro recordó las palabras que Jesús le había dicho: "Antes que el gallo cante dos veces, tú me negarás tres veces." Soy un cobarde, absolutamente miserable y sin esperanza.

siervas de la casa se acercó y vio a Pedro calentándose. La muchacha le dijo: Tú también estabas con Jesús de Nazaret. Pero Pedro lo negó diciendo: No lo conozco y no sé de qué estás hablando. Se fue en seguida hacia la entrada del patio.a La sierva volvió a ver a Pedro y dijo de nuevo a los que estaban allí: Este hombre es uno de ellos. Pero Pedro volvió a decir que no. Al rato los que estaban allí dijeron: —Seguro que eres uno de ellos porque tú también eres de Galilea. Entonces Pedro les juró en el nombre de Dios y dijo: No conozco a ese hombre del que están hablando. En seguida cantó el gallo por segunda vez y

Pedro recordó las palabras de Jesús: Antes de que el gallo cante por segunda vez, tú dirás tres veces que no me conoces, y se echó a llorar.

SAN MATEO 27: 3-5

Entonces cuando Judas, el que lo había traicionado, vio que habían condenado a Jesús y sintió pesar por lo que había hecho. Así que les devolvió las treinta monedas de plata a los jefes de los sacerdotes y a los ancianos líderes, y les dijo: He pecado al entregar a un hombre inocente para que lo maten. Ellos dijeron: ¿Qué nos importa? ¡Ese es tu problema! Entonces Judas tiró las monedas de plata en el templo, salió de allí y se ahorcó.

SAN JUAN 18: 28 -- 19: 16

Después salieron con Jesús de la casa de Caifás hasta el palacio del gobernador. Era bien temprano en la mañana, pero ellos no querían entrar al palacio del gobernador para no quedar impuros, pues eso les impediría comer la comida de la Pascua. Entonces Pilato salió a verlos y les dijo: ¿De qué acusan a este hombre? Ellos le contestaron: Si este hombre no fuera un criminal, no lo hubiéramos traído ante ti. Pilato les dijo: Llévenselo ustedes y júzguenlo según su ley. Los líderes judíos le dijeron: No estamos autorizados para condenar a muerte a nadie. Esto pasó para que se cumpliera lo que había dicho Jesús sobre la muerte que iba a sufrir. Entonces Pilato regresó al palacio, llamó a Jesús y le dijo: ¿Eres tú el rey de los judíos? Jesús contestó: ¿Estás diciendo esto por ti

79

mismo o ya otros te han hablado de mí? Pilato respondió: ¿Tú crees que soy un judío? Tu gente y los jefes de los sacerdotes fueron los que te trajeron a mí. ¿Qué hiciste? Jesús respondió: Mi reino no pertenece a este mundo. Si así fuera, mis siervos pelearían

Jesús respondió: Tú dices que soy un rey. Nací para serlo y vine al mundo para ser testigo de la verdad. Todo el que sea de la verdad, escucha mi voz. Pilato le preguntó: ¿Qué es la verdad? Después de decir esto, salió otra vez a hablar con los judíos y les dijo: No lo encuentro culpable de nada. Pero ustedes tienen la costumbre de que yo les ponga en libertad a alguien durante la Pascua. ¿Quieren que les ponga en libertad al "rey de los judíos"? Gritaron de nuevo: ¡A él no, a Barrabás! Y Barrabás era un bandido. Entonces Pilato ordenó que llevaran a Jesús y le dieran latigazos. Los soldados hicieron una corona de espinas y la colocaron en su

para que no estuviera en manos de los judíos. Pero, de hecho, mi reino no es de acá. Entonces Pilato le dijo: ¿Así que eres un rey?

cabeza. Le pusieron un manto de color morado. Se acercaban y le decían: ¡Viva el rey de los judíos! Y le daban bofetadas. Pilato salió otra vez y les dijo: Miren, aquí lo traigo, para que sepan que yo no encuentro ningún delito en este caso. Entonces Jesús salió con la

corona de espinas y el manto de color rojo oscuro. Pilato dijo: ¡Aquí está el hombre! Cuando lo vieron, los jefes de los sacerdotes y los guardias gritaron: ¡Crucifícalo! ¡Crucifícalo! Pilato les dijo: ¡Llévenselo ustedes y crucifíquenlo! Yo no he podido encontrar nada

contra él. Los judíos le contestaron: Tenemos una ley que dice que él debe morir porque dijo que es el Hijo de Dios. Después de escuchar esto, Pilato se asustó más. Entró de nuevo a su palacio y le dijo a Jesús: ¿De dónde eres? Pero Jesús no le respondió. Entonces Pilato le dijo:

¿No vas a hablarme? ¿Acaso no sabes que yo tengo la autoridad para dejarte libre o para matarte en una cruz? Jesús le contestó No tienes ninguna autoridad sobre mí a menos que te la haya dado Dios. Por esto, el hombre que me entregó a ti es más culpable que tú. Oyendo esto, Pilato trataba de encontrar una manera de dejarlo en libertad, pero los judíos gritaban: ¡Si lo dejas libre, no eres amigo del emperador! Cuando Pilato escuchó estas palabras, sacó a Jesús y se sentó en la silla del juez. El lugar era el

Pavimento de Piedra (que en arameo se dice Gabatá). Era casi el mediodía del día de preparación para la Pascua. Pilato les dijo a los judíos: ¡Aquí está su rey! Entonces gritaban: ¡Fuera! ¡Fuera! ¡Crucifícalo! Pilato les dijo: ¿Crucifico a su rey? Los jefes de los sacerdotes respondieron: ¡Nosotros no tenemos más rey que el emperador! Entonces Pilato se lo entregó a ellos para que lo crucificaran.

Aquí está el sustituto de Barrabás.

Nosotros no encargaremos de él.

El se cree Rey. Así que denle un trato real.

En el día de la ejecución, de acuerdo a la costumbre, deben ser azotados los que van a morir.

Ya es suficiente para el Rey de los Judíos. Ha tenido bastante.

Ahora debe cargar la cruz con un cartel al cuello diciendo por qué está condenado.

Y la triste procesión comienza.

¡Abran paso! ¡Déjennos pasar!

¿Quién es ese?

Se parece a Jesús de Nazaret, el famoso profeta.

89

Hijas de Jerusalén, ¿porqué lloran por mí? En vez, lloren por ustedes mismas y por sus hijos...

...Porque pronto un terrible castigo caerá sobre Jerusalén.

Mira, ahí está el lugar llamado Gólgota, o lugar de las Calaveras, que es un lugar de ejecución.

De lejos, la roca parece una calavera.

El lugar es bien escogido. Cada uno en Jerusalén sabe el costo que lleva desafiar a los Romanos.

SAN LUCAS 23: 25-56
Pilato dejó libre a Barrabás, el hombre que había empezado una revuelta en la ciudad y que era un asesino. Pilato les entregó a Jesús para que hicieran con él lo que quisieran. Los soldados se llevaron a Jesús. En ese momento un hombre venía del campo. Era Simón, de la ciudad de Cirene. Los soldados obligaron a Simón a cargar la cruz de Jesús y a caminar detrás de él. Mucha gente seguía a Jesús. Algunas mujeres lloraban y se lamentaban por él. Jesús se dio vuelta y les dijo: Mujeres de Jerusalén, no lloren por mí. Más bien lloren por ustedes y por sus hijos. Está llegando la hora terrible en que la gente dirá "Afortunadasb las mujeres que no pueden

tener hijos, que nunca los han tenido ni han amamantado". Entonces la gente les dirá a las montañas: "¡Caigan sobre nosotros!", y a los cerros les dirán: "¡Cúbrannos!" Si le hacen esto al árbol vivo, ¿qué no le harán al seco? También llevaron a dos criminals para que

los mataran junto con Jesús. Llegaron al lugar llamado La Calavera , donde los soldados crucificaron a Jesús y también a los criminales. A uno lo pusieron a la derecha de Jesús y al otr a la izquierda. Jesús dijo: Padre, perdónalo porque no saben lo que hacen. Los soldado echaron suertes para ver quién se iba a queda con la ropa de Jesús. La gente estaba all mirando a Jesús. Los líderes judíos se burlaba de él, diciendo: Si él es el escogido de Dios, Cristo, entonces que se salve a sí mismo. Salv a otros, ¿no? Los soldados vinieron y tambié se burlaron de él. Le ofrecieron vinagre. Lo soldados dijeron: Si eres el rey de los judíos ¡sálvate a ti mismo! En la parte de arriba de cruz estaba escrito:

ESTE ES EL REY DE LOS JUDÍOS.
Uno de los criminales también empezó a insultarlo: ¿No eres el Cristo? ¡Entonces sálvate a ti mismo y a nosotros también! Pero el otro criminal lo calló y le dijo: ¿Es que no tienes temor de Dios? ¿Acaso no estás bajo la misma sentencia? Tú y yo merecemos morir por lo que hicimos, pero este hombre no ha hecho nada malo. Luego le dijo a Jesús: Acuérdate de mí cuando comiences a reinar.

Entonces Jesús le dijo: Te aseguro que hoy estarás conmigo en el paraíso. Era alrededor del mediodía, y toda la tierra quedó sumida en oscuridad hasta las tres de la tarde. El sol dejó de brillar. La cortina del templo se

rompió en dos. Jesús gritó: ¡Padre, te entrego mi espíritu! Después de decir esto, murió. El capitán vio lo que había pasado, y alabó a Dios diciendo: Este hombre sí era inocente. Mucha gente había salido de la ciudad para ver esto. Cuando vieron lo que había pasado se fueron abrumados de dolor. Los amigos de Jesús también estaban allí, incluso las mujeres que lo habían seguido desde Galilea. Todos ellos presenciaban de lejos lo que pasaba. Estaba allí un hombre llamado José, del pueblo judío de Arimatea, miembro del Consejo. Era un hombre de buen corazón que obedecía a Dios. Él también quería que viniera el reino de Dios y no había estado de acuerdo con lo que habían decidido ni con las medidas que tomaron. José fue a Pilato y le pidió el cuerpo de Jesús. Entonces José bajó el cuerpo de la cruz y lo envolvió en una tela. Después lo llevó y lo puso en un tumba cavada en la roca. Esta tumba nunca ante había sido utilizada. Era viernes y el día d

El ya está muerto

De su corazón sale agua y sangre.

Clava una lanza en su costado para estar seguros....

Mientras tanto.

Apúrate, Nicodemo, pues la noche caerá pronto.

José de Arimatea, estoy cansado.

Jesús ha muerto como un criminal...y yo creía que era el Mesías.

Le pedí permiso a Pilato para enterrar el cuerpo de Jesús.

No muy lejos de aquí tengo un jardín con una tumba que no se ha usado. Le enterraré allí.

Tan pronto oí de su muerte, hice una mezcla de mirra y aloe... y José trae una mortaja y tiras de lino.

Apurémonos antes de que la trompeta suene el inicio de las Pascuas. Después de eso no podemos enterrarle.

cómo pusieron su cuerpo adentro. Después se regresaron para preparar especias aromáticas y aceites perfumados. En el día de descanso no realizaron ningún trabajo, como lo ordenaba la ley de Moisés.

descanso estaba a punto de comenzar. Las mujeres que habían venido con Jesús desde Galilea siguieron a José. Vieron la tumba y

Al fin, pusieron la pesada piedra en frente de la entrada de la tumba.

SAN MARCOS 16: 1-7

Al día siguiente del día de descanso, Mar
Magdalena, Salomé y María la mamá
Santiago, compraron especias aromáticas pa
ungir el cuerpo de Jesús. Muy temprano
domingo en la mañana, tan pronto com

...amaneció, las tres mujeres fueron a la tumba. Por el camino decían entre ellas: ¿Quién nos va a ayudar a mover la piedra de la entrada? Pero cuando llegaron, vieron que alguien había movido la enorme piedra de la entrada. Al entrar a la tumba encontraron a un joven. Estaba sentado en la parte derecha de la tumba, vestido de blanco. Las mujeres se asustaron mucho, pero él les dijo: No se asusten. Ustedes están buscando a Jesús de Nazaret, el que fue crucificado. ¡Pues ahora ha resucitado! No está aquí, pero miren el lugar donde lo pusieron. Ahora vayan a ver a los seguidores de Jesús y a Pedro. Díganles estas palabras:

"Jesús va hacia Galilea delante de ustedes, allá se encontrarán con él, tal como él se los había dicho antes".

SAN JUAN 20: 1-16

Muy temprano el primer día de la semana, María Magdalena fue a la tumba y vio que estaba corrida la piedra que tapaba la entrada. Entonces se fue corriendo a ver a Simón Pedro y al seguidor a quien Jesús quería mucho, y les dijo: ¡Sacaron el cuerpo de Jesús de la tumba! No sabemos dónde lo pusieron. Pedro y el otro seguidor salieron y fueron a la tumba. Estaban corriendo juntos pero el otro seguidor corría más rápido que Pedro y llegó primero a la tumba. Se agachó y vio las vendas de lino en el suelo, pero no entró. Después llegó Simón Pedro, entró a la tumba y vio las vendas en el suelo. Vio también la tela en que habían

envuelto la cabeza de Jesús. Estaba enrollada aparte. Entonces entró el otro seguidor que había llegado antes, vio todo y creyó. Esto

María Magdalena ha retornado a la tumba, turbada y llorando.

¿Porqué buscas al que vive entre los muertos, mujer?

¿Porqué lloras y estás triste?

Jardinero, si has escondido su cuerpo, díme donde lo has puesto.

María.....

¡Señor Jesús!

seguidores todavía no habían caído en cuenta de que las Escrituras decían que Jesús tenía que resucitar. Luego estos seguidores regresaron a los suyos. María estaba llorando afuera de la tumba y mientras lloraba, se agachó para ver adentro. Vio a dos ángeles vestidos de blanco. Uno estaba sentado a la cabeza y el otro sentado a los pies de donde había estado el cuerpo de Jesús. Ellos le preguntaron: Mujer, ¿por qué estás llorando? María respondió: Han sacado el cuerpo de mi Señor y no sé dónde lo han puesto. Cuando María dijo esto, ella se volvió y vio a Jesús de pie allí, pero ella no sabía que él era Jesús . Jesús le preguntó: Mujer, ¿por qué estás llorando? ¿A quién buscas? Ella creyó que era el jardinero y le dijo: Señor, si usted lo sacó

de la tumba, dígame dónde lo puso y yo iré por él. Jesús le dijo: ¡María! Ella se volvió y le dijo en arameo: ¡Rabuni! (que significa: Maestro).

100

En la noche de ese día, dos de ellos iban de Jerusalén a Emaús.

¡Qué fracaso! Creí que Jesús iba a ser el Mesías que esperábamos.

Pero fue sentenciado de muerte y crucificado como un criminal.

Sí, Cleofas. Yo también estoy confundido.

¡Buenas tardes, amigos! Parecen que están tristes.

¿De qué hablan?

¿No sabes de las cosas que han pasado en Jerusalén en estos días acerca de Jesús de Nazaret?

Esperábamos que él iba a redimir a Israel.

Si pues era el Cristo....

.....pero todo se acabo. Hace tres días murió.

Sin embargo, algunas de nuestras mujeres nos asombraron.

Fueron a la tumba esta mañana...

SAN LUCAS 24: 13-47

Ese mismo día, dos de los seguidores de Jesús iban hacia un pueblo llamado Emaús que queda a unos once kilómetros de Jerusalén. Iban hablando de todo lo que había pasado.

Mientras discutían, Jesús mismo se acercó y empezó a caminar con ellos. Pero Dios les impidió reconocerlo. Entonces Jesús les dijo: ¿De qué tanto hablan por el camino? Los hombres se detuvieron muy tristes. El

....pero no encontraron su cuerpo...Dicen que vieron ángeles que dijeron que estaba vivo.

¡Habladurías de mujeres! Algunos de nuestros amigos fueron a la tumba y la encontraron vacía, tal y como las mujeres dijeron, pero no encontraron a Jesús....

Que lentos son para creer lo que los profetas han escrito. ¿No tenía el Mesías que sufrir estas cosas antes de entrar en Gloria?

Les voy a explicar lo que las escrituras dicen acerca de él.

Estamos muy interesados en lo que dices.

Una hora más tarde.....

que se llamaba Cleofas respondió: Tú has de ser el único en Jerusalén que no sabe lo que pasó. Jesús les dijo: ¿Qué quieren decir? Ellos le respondieron: Nos referimos a todo lo que sucedió con Jesús de Nazaret, quien por sus hechos y palabras demostró ante Dios y la gente que era un profeta poderoso. Y cómo nuestros líderes y los jefes de los sacerdotes lo entregaron para que lo sentenciaran a muerte y lo crucificaran. Teníamos la esperanza de que él fuera el que iba a liberar a Israel, pero entonces sucedió todo esto. Además ya han pasado tres días desde la muerte de Jesús, y hoy algunas de nuestras mujeres nos contaron algo asombroso. Esta mañana muy temprano fueron a la tumba, pero no encontraron el cuerpo. Vinieron y nos dijeron que habían visto ángeles en una visión. Los ángeles les dijeron que Jesús estaba vivo. Entonces algunos de nuestro grupo fueron a ver la tumba y la encontraron tal y como las mujeres habían dicho, pero no vieron a Jesús. Entonces Jesús les dijo: ¡No sean tan tontos! ¿Por qué les cuesta tanto creer todo lo que dijeron los profetas? ¿Acaso

Hemos llegado a Emaús. Te invitamos a quedarte con nosotros.

no dijeron que el Cristo tendría que sufrir tod
eso antes de dar comienzo a su período de gloria
Entonces Jesús les explicó todo lo que había sid
escrito sobre él en las Escrituras, empezand

De verdad, quédate con nosotros esta noche y puedes viajar mañana.

Gracias, Me quedaré con ustedes.

Antes de comer, él dio gracias por los alimentos y los repartió.

Entonces, sus ojos fueron abiertos y le reconocieron.

Entonces, Jesús desapareció de su vista.

Regresemos a Jerusalén de prisa.

Debemos decirles a los discípulos.

¡Jesús vive! ¡Jesús vive!

con los libros de Moisés y todos los profetas. Al acercarse al pueblo al que iban, Jesús hizo como que iba a seguir de largo. Pero ellos le rogaron, diciendo: Quédate con nosotros, porque ya está atardeciendo. Ya casi es de noche. Entonces Jesús entró y se quedó con ellos. Cuando estaba a la mesa con ellos, tomó el pan y dio gracias. Lo partió y se lo dio a ellos. En ese momento Dios les abrió los ojos y lo reconocieron, pero él desapareció. Los dos hombres se dijeron entre sí: ¡Con razón sentíamos que el corazón nos ardía de emoción cuando nos venía hablando y explicando las Escrituras en el camino! Entonces se pusieron de pie de inmediato y regresaron a Jerusalén. Allí encontraron reunidos a los once apóstoles y a los que estaban con ellos, y dijeron: ¡En verdad el Señor ha resucitado! Se le ha aparecido a Simón. Entonces los dos hombres

les contaron a los demás lo que había pasado en el camino y cómo habían reconocido a Jesús cuando estaba partiendo el pan. Mientras los seguidores estaban hablando de todo esto, Jesús se les apareció, y les dijo: Que la paz esté con ustedes. Esto asustó a los seguidores. Se aterrorizaron pensando que estaban viendo a un fantasma. Pero Jesús les dijo: ¿Por qué están tan asustados? ¿Por qué dudan de lo que ven? Miren mis pies y mis manos. ¡Soy yo! Tóquenme y vean que mi cuerpo está con vida. Los fantasmas no tienen cuerpo. Diciendo esto, les mostró los huecos de sus manos y pies. Los seguidores seguían tan asombrados y felices que no podían creerlo. Jesús les preguntó: ¿Tienen comida aquí? Le dieron un pedazo de pescado asado. Jesús tomó el pescado y lo comió delante de ellos. Luego les dijo: Esto es lo que les había anunciado cuando todavía estaba con ustedes: que todo lo que está escrito sobre mí en la ley de

Moisés, los libros de los profetas y en los Salmos debe cumplirse. Entonces Jesús les abrió el entendimiento para que comprendieran la Escrituras, y les dijo: Está escrito que el Cristo tenía que morir y resucitar al tercer día, y que en su nombre se anunciará a todas las naciones que cambien su manera de pensar y de vivir para que Dios los perdone. Empiecen desde Jerusalé

SAN JUAN 20: 19-29

Esa misma tarde del primer día de la semana, los seguidores cerraron las puertas del lugar donde estaban porque les tenían miedo a los judíos. Entonces Jesús vino y estando en medio de ellos, les dijo: La paz sea con ustedes. Después de decirles esto, les mostró sus manos y su costado. Se alegraron mucho cuando lo vieron. Entonces otra vez les dijo: La paz sea con ustedes. Así como me envió el Padre, yo también los envoi a ustedes. Después de decir esto, sopló sobre ellos y les dijo: Reciban el Espíritu Santo . Cualquier pecado de la gente que ustedes perdonen, será perdonado, y cualquier pecado que no perdonen, no sera perdonado. Tomás no estaba con ellos cuando vino Jesús. Él era uno de los doce seguidores, al que llamaban el Gemelo. Los otros seguidores le dijeron: ¡Vimos al Señor! Pero él les dijo: No creeré sino hasta que vea la marca de los clavos en sus manos. No creeré hasta que meta el dedo

en los huecos de los clavos y hasta que meta la mano en el lado de su cuerpo que cortaron con la lanza. Una semana después, los seguidores estaban otra vez en la casa. Esta vez Tomás estaba con ellos. Aunque las puertas estaban con llave, Jesús entró y se puso en medio de ellos y dijo: La paz sea con ustedes. Después le dijo a Tomás: Pon tu dedo aquí y mira mis manos. Extiende tu mano y métela en este lado de mi cuerpo. Ya deja de dudar y cree. Tomá le contestó:¡Mi Señor y mi Dios! Jesús le dijo ¿Tú creíste porque me viste? Afortunadosa lo que no necesitan ver para creer.

SAN JUAN 21: 1-19

Después de esto, Jesús se les apareció otra vez a los seguidores. Sucedió en el lago Tiberias de esta manera: Simón Pedro, Tomás, llamado el Gemelo, Natanael que era de Caná de Galilea, los hijos de Zebedeo y otros dos seguidores suyos estaban juntos. Simón Pedro les dijo: Voy a pescar. Ellos le dijeron: Nosotros vamos con-tigo. Entonces fueron y subieron en el bote, pero no pescaron nada esa noche. Ya era de mañana

Momentos más tarde, mientras traen la red a la orilla.....

dos? Le contestaron: No. Jesús les dijo Lancen la red por el lado derecho del bote y encontrarán algunos. Así que la lanzaron, pero no pudieron subirla al bote porque tenía muchos peces. Entonces el seguidor al que Jesús quería mucho le dijo a Pedro: ¡Es el Señor! Pedro, al oír que era el Señor, se vistió pues se había quitado la ropa para trabajar, y se tiró al agua. Pero los otros seguidores cuando Jesús vino y se paró en la orilla, pero los seguidores no sabían que era él. Entonces Jesús les preguntó: Muchachos, ¿tienen pesca-

llegaron a la orilla en el bote, arrastrando la red llena de pescados. No estaban muy lejos de la orilla, sólo como a cien metros. Cuando llegaron a tierra, vieron encendida una hoguera hecha con carbón. Había pescado y pan encima. Jesús les dijo: Traigan algunos pescados de los que acaban de pescar. Simón Pedro fue al bote y arrastró la red llena de pescados: ciento cincuenta y tres. Aunque estaba muy pesada, no se rompió. Jesús les dijo: ¡Vengan y desayunen! Ninguno de los seguidores se atrevió a preguntarle quién era, pero sabían que era el Señor. Jesús fue, tomó

el pan y el pescado, y se los repartió. Esta fue la tercera vez que Jesús se les apareció a los seguidores después de que se levantó de entre los muertos. Cuando acabaron de desayunar, Jesús le dijo a Simón Pedro: Simón, hijo de Juan, ¿me amas más de lo que me aman ellos? Pedro le contestó: Sí, Señor. Tú sabes que te amo. Jesús le dijo: Cuida a mis ovejasb. Jesús le dijo por segunda vez: Simón, hijo de Juan, ¿me amas? Pedro le contestó: Sí, Señor. Tú sabes que te amo. Jesús le dijo: Cuida a mis ovejas. Jesús le dijo por tercera vez: Simón, hijo de Juan, ¿me amas? Pedro se puso triste porque Jesús le había preguntado ya tres veces si lo amaba. Entonces Pedro le dijo: Señor, tú lo sabes todo. Sabes que te amo. Jesús le dijo:Cuida a mis ovejas. Te digo la verdad: cuando eras joven te vestías solo e ibas a donde querías. Pero cuando te vuelvas viejo estirarás tus manos y alguien más te va a vestir. Después te llevará a donde no quieras ir. Él dijo esto para mostrar cómo iba a morir Pedro para dar honra a Dios. Después de decir esto, Jesús le dijo: **¡ Sígueme !**

Lo que dice la Santa Biblia sobre

EL AMOR DE DIOS PARA TÍ

Dios amó tanto al mundo que dio a su Hijo único para que todo el que crea en él no se pierda, sino que tenga vida eterna. **San Juan 3:16**

En cambio, Dios nos demostró su amor en que Cristo murió por nosotros aun cuando éramos pecadores. **Romanos 5:8**

Jesús le dijo: Yo soy el camino, la verdad y la vida. Solamente por mí se llega al Padre. **San Juan 14:6**

. . . la sangre de Jesucristo, el Hijo de Dios,continúa limpiándonos de toda maldad. Si decimos que no pecamos, nos engañamos a nosotros mismos y la verdad no está en nosotros; pero si confesamos nuestros pecados, Dios nos perdonará. Él es fiel y justo para limpiarnos de toda maldad. **1 Juan 1:8,9**

¡Dios, ten compasión de mí porque soy un pecador! **S. Lucas 18:13**

Cree en el Señor Jesús y serás salvo. **Hechos 16:31**

BUENAS NUEVAS
Jesús ha resucitado de entre los muertos
¡EL VIVE!

Oración:

Querido Jesús, creo que tú ere el Hijo de Dios. Fuiste crucificado en la cruz y moriste para sufrir el castigo por mis pecados. Luego resucitaste de entre los muertos y ahora vives para siempre. Por favor, perdona mis pecados. Gracias por ser mi Salvador, Señor, ayúdame a amarte con todo el corazón y a complacerte todos los días. **Amén**

San Mateo

5 Cuando Jesús vio a toda esa gente, subió a la ladera de una montaña, se sentó y allí llegaron sus seguidores. Entonces comenzó a enseñar a la gente lo siguiente: Afortunados los que reconocen su necesidad espiritual, porque el reino de Dios les pertenece. Afortunados los que están tristes, porque Dios los consolará. Afortunados los que son humildes, porque la tierra que Dios prometió será de ellos. Afortunados los que tienen hambre y sed de justicia, porque quedarán completamente satisfechos por Dios. Afortunados los que tienen compasión de otros, porque Dios también tendrá compasión de ellos. Afortunados los que tienen corazón puro, porque ellos verán a Dios. Afortunados los que se esfuerzan por conseguir la paz, porque ellos serán llamados hijos de Dios. Afortunados los que son maltratados por hacer la voluntad de Dios, porque el reino de Dios les pertenece. Cuando la gente los insulte, los persiga y hable mal de ustedes por seguirme, sepan que son afortunados a los ojos de Dios. Cuando les pase esto, pónganse contentos y alégrense porque van a recibir una gran recompensa en los cielos. Así también fue como maltrataron a los profetas que vivieron antes de ustedes.

Sal y luz del mundo

Ustedes son la sal de la tierra, Pero si la sal pierde su sabor, ¿cómo podría volver a ser salada? Ya no sirve para nada sino para ser tirada y pisada por la gente. Ustedes son la luz que alumbra al mundo. Una ciudad que está en un monte no se puede esconder. Nadie enciende una lámpara y la pone debajo de un cesto, sino encima de una mesa para que ilumine a todos en la casa. Así mismo, ustedes deben ser luz para los demás de tal manera que todos puedan ver sus buenas obras y dar honra a su Padre que está en los cielos.

Jesús y la ley

No piensen que he venido para destruir la ley de Moisés o la enseñanza de los profetas. No he venido para destruirlas, sino para darles completo significado. Les digo la verdad: mientras existan el cielo y la tierra, no desaparecerá ni una letra ni una tilde de la ley hasta que todo esto se cumpla. Así que cualquiera que desobedezca alguno de los mandamientos por muy pequeño que sea y les enseñe a otros a desobedecerlo, será considerado muy pequeño en el reino de Dios. En cambio, el que los obedezca todos y enseñe a obedecerlos será considerado grande en el reino de Dios. Porque les digo a ustedes, no entrarán en el reino de Dios a menos que hagan lo que Dios quiere de una mejor manera que los maestros de la ley y los fariseos.

Jesús enseña sobre la reconciliación

Ustedes han oído que se les dijo a sus antepasados: "No mates, c y el que cometa asesinato tendrá que presentarse ante un juez". Pero, ahora yo les digo que todo el que se enoje con otro tendrá que comparecer ante el tribunal. El que insulte a alguien, tendrá que presentarse ante el Consejo; y el que maldiga a otro, tendrá que responder por eso en el fuego del infierno. Así que si vas a dar una ofrenda a Dios y te acuerdas de que alguien tiene algo contra ti, deja ahí tu ofrenda y ve a hacer las paces con esa persona. Luego sí, regresa para dar tu ofrenda a Dios.Reconcíliate pronto con tu enemigo. Llega a un acuerdo con él mientras van hacia el juzgado, porque si no, él te entregará al juez, y el juez te entregará al guardia para que te meta a la cárcel. Te digo la verdad: no saldrás de allí hasta que hayas pagado hasta el último centavo.

Jesús enseña sobre la inmoralidad sexual

Ustedes han oído que se dijo: "Nocometas adulterio". Pero ahora yo te digo que si alguno mira a una mujer con el deseo de tener relaciones sexuales con ella, en su mente ya ha cometido pecado con ella. Así que si tu ojo derecho te hace pecar, sácalo y tíralo. Es mejor que pierdas parte de tu cuerpo a que todo el cuerpo sea echado al infierno. Y si tu mano derecha te hace pecar, córtala y tírala. Es mejor que pierdas parte de tu cuerpo a que todo el cuerpo sea echado al infierno.

Jesús enseña sobre el divorcio

También se dijo antes: "Cualquiera que se divorcie de su esposa, debe darle un certificado de divorcio". Pero ahora yo digo que el hombre que se divorcie de su esposa, a no ser que ella le sea infiel, hace que ella cometa adulterio. El hombre que se case con una mujer divorciada también está cometiendo adulterio.

Jesús enseña sobre los juramentos

Ustedes también han oído que se les dijo a sus antepasados: "No dejes de cumplir ningún juramento, sino cumple tus juramentos a Dios". Pero ahora yo les digo que es mejor no jurar por nada. No juren por el cielo, porque es el trono de Dios. No juren tampoco por la tierra, porque es de Dios. No juren por Jerusalén, porque también le pertenece a él, el gran Rey. Tampoco jures por tu cabeza, porque ni siquiera puedes hacer que un cabello sea negro o blanco. Si quieres decir "sí", solamente di "sí", y si quieres decir "no", solamente di "no". Todo lo quese diga de más, viene del maligno.

Jesús enseña sobre las peleas

Ustedes han oído que se dijo: "Ojo por ojo y diente por diente". Pero ahora yo les digo: no te pongas en contra de una persona mala. Mejor, si alguien te da una bofetada en la mejilla derecha, deja que te pegue también en la otra. Si alguien trata de ponerte una demanda para quedarse con tu camisa, entrégale también tu capa. Si alguien te obliga a caminar un kilómetroe con él, camina dos. Al que te pida algo, dáselo; y al que te pida algo prestado, préstaselo.

Amen a sus enemigos

Ustedes también han oído que se dijo: "Ama a tus amigos pero odia a tus enemigos". Pero ahora yo les digo que amen a sus enemigos y pidan en sus oraciones por los que los persiguen. De esta forma, ustedes serán hijos del Padre que está en el cielo. Él hace que el sol salga tanto para los malos como para los buenos y que la lluvia caiga tanto para los justos como para los injustos. Si ustedes solamente aman a quienes los aman, ¿creen que merecen alguna recompense por eso? Incluso los cobradores de impuestos aman a sus amigos.Y si ustedes sólo son buena gente con sus amigos, ¿creen que están haciendo algo fuera de lo común? Hasta los que noconocen a Dios, son buena gente con sus amigos. Por eso, sean ustedes perfectos así como su Padre que está en el cielo esperfecto.

Jesús enseña a dar

6 Cuidado con lo que hacen. No hagan algo bueno ante la gente solo para que los demás los vean pues así no recibirán ninguna recompensa de su Padre que está en el cielo. Cuando des algo a los pobres, no llames la atención de todo el mundo como hacen los hipócritas en las sinagogas y en las calles. Lo hacen para que los demás hablen bien de ellos. Les digo la verdad: con eso, ellos ya tienen su recompensa. Cuando le des algo a un necesitado, no se lo digas ni siquiera a tu major amigo. Lo que hagas debe ser un secreto. Así recibirás recompensa de tu Padre que está en el cielo, porque él ve todo lo que se hace en secreto.

Jesús enseña a orar

Cuando oren, no sean como los hipócritas, que les gusta pararse en las sinagogas y en las esquinas de las calles a orar en voz alta para que los vean. Les digo la verdad: ellos ya han recibido su recompensa. Pero tú cuando ores, entra a tu cuarto, cierra la puerta y habla con tu Padre. Así recibirás recompensa de tu Padre, porque él ve todo lo que se hace en secreto. Cuando oren, no alarguen demasiado su oración. No hagan como los que no conocen a Dios, que creen que porque hablan mucho Dios les tendrá que hacer caso. No sean como ellos, porque su Padre sabe lo que ustedes necesitan, incluso antes de que se lo pidan. Ustedes deben orar así: "Padre nuestro que estás en los cielos, que siempre se dé honra a tu santo nombre. Venga tu reino. Hágase tu voluntad en la tierra como se hace en el cielo. Danos hoy los alimentos que necesitamos cada día, y perdona nuestros pecados como nosotros también perdonamos a los que nos han hecho mal. No nos dejes caer en tentación, y líbranos del maligno". Porque si ustedes perdonan a los demás el mal que les hagan, su Padre que está en el cielo también los perdonará a ustedes. Pero si ustedes no los perdonan, su Padre tampoco los perdonará a ustedes.

Jesús enseña sobre el ayuno

Cuando ayunen, no pongan cara de tristeza como los hipócritas que ponen caras afligidas para que la gente vea que están ayunando. Les digo la verdad: ellos ya han recibido su recompensa. Pero tú cuando ayunes, arréglate bien y lávate la cara para que así no se den cuenta de que estás ayunando. Así sólo lo verá tu Padre, que está en lo secreto, y tu Padre que ve todo lo que se hace en secreto, te dará tu recompensa.

Riquezas en el cielo

No guarden tesoros para ustedes aquí en la tierra, donde la polilla y el moho los dañarán, y donde los ladrones entran a robárselos. Más bien, guarden tesoros para ustedes en el cielo donde ni la polilla ni el moho los dañarán y donde los ladrones no pueden entrar a robárselos. Pues donde esté tu tesoro, allí estará tu corazón. El ojo es la luz del cuerpo. Si tus ojos ven bien, todo tu cuerpo estará lleno de luz. Pero si tus ojos ven mal, entonces todo tu cuerpo estará lleno de oscuridad. Si la única luz que tienes es la oscuridad, ¡qué horrible oscuridad tendrás! Nadie puede servir a dos patrones al mismo tiempo. Odiará a uno y amará al otro, o se dedicará a uno y despreciará al otro. Ustedes no pueden servir al mismo tiempo a Dios y a las riquezas.

Busquen primero el reino de Dios

Por eso les digo: no se preocupen por la comida ni por la bebida que necesitan para vivir, ni tampoco por la ropa que se van a poner. Ciertamente la vida es más que la comida y el cuerpo más que la ropa. Miren a las aves del cielo, ellas no cultivan ni cosechan ni tampoco guardan nada en graneros. Sin embargo, su Padre que está en el cielo les da alimento. ¿No son ustedes más importantes que ellas? Con sólo preocuparse no van a añadir más tiempo a su vida. ¿Y por qué se preocupan por la ropa? Fíjense cómo crecen las flores del campo. Ellas no trabajan ni hilan para hacer su vestido. Sin embargo, les aseguro que ni siquiera el rey Salomón con toda su gloria se vistió como una de ellas. Así que, si Dios viste a todo lo que crece en el campo, que hoy tiene vida pero que mañana será quemado en un horno, con mucha más razón cuidará de ustedes. ¡No sean gente de poca fe! Así que no se preocupen ni digan: "¿Qué vamos a comer?" o "¿Qué vamos a beber?" o "¿Qué ropa vamos a usar?" La gente que no conoce a Dios trata de conseguir esas cosas, pero ustedes tienen a su Padre en el cielo que sabe que necesitan todo esto. Así que, primero busquen el reino de Dios y su justicia, y se les dará todo lo que necesitan. No se preocupen por el día de mañana, porque el mañana traerá sus propias preocupaciones. Cada día tiene ya sus propios problemas.

No juzguen a los demás

7 No juzguen a los demás, para que Dios no los j uzgue a ustedes. Porque Dios los juzgará de la misma manera que ustedes juzguen a los demás. Dios los tratará a ustedes como ustedes traten a los demás. ¿Por qué te fijas en la pajita que tiene tu hermano en el ojo, pero no te das cuenta de la viga que tienes en el tuyo? ¿Cómo te atreves a decirle a tu hermano: "Déjame sacarte la pajita que tienes en el ojo", mientras que en el tuyo hay una viga? ¡No seas hipócrita! Primero saca la viga de tu ojo y verás mejor para poder sacar la pajita del de tu hermano. No les den lo que es santo a los perros, pues se irán contra ustedes y los morderán. No les tiren tampoco perlas finas a los cerdos, pues lo único que ellos harán es pisotearlas.

Pídanle a Dios lo que necesiten

Pidan, y Dios les dará; busquen, y

encontrarán; llamen a la puerta, y se les abrirá. Porque todo el que pide, recibe; el que busca, encuentra; y al que llama a la puerta, se le abrirá.¿Le daría alguno de ustedes una piedra a su hijo si le pide pan? ¿O le daría una serpiente si le pide un pescado? Pues si ustedes, aun siendo malos, saben cómo darles cosas buenas a sus hijos, imagínense cuánto más dispuesto estará su Padre celestial a darles lo que le pidan. Así que, traten a los demás como les gustaría que los traten a ustedes. Ese es el verdadero significado de la ley y la enseñanza de los profetas.

Los dos caminos

Entren por la puerta angosta, porque ancha es la puerta y espacioso el camino que lleva a la destrucción. Mucha gente toma ese camino. En cambio la puerta que lleva a la verdadera vida es muy angosta, el camino muy duro y solo unos pocos lo encuentran.

No se dejen engañar

Tengan cuidado con los falsos profetas, pues ellos están disfrazados de mansas ovejas, pero por dentro son lobos feroces. Ustedes los reconocerán por la clasede fruto que den. El bien no viene de la gente mala, así como las uvas no se recogen de los espinos, ni los higos se recogen de los cardos. De la misma manera,todo árbol bueno da fruto bueno, pero un árbol malo da fruto malo. Un buen árbol no puede dar fruto malo ni tampoco un árbol malo puede

dar fruto bueno. Todo árbol que no dé fruto bueno, será cortado y echado al fuego. Por esto digo que reconocerán a los falsos profetas por la clase de fruto que den. No todo el que afirma que yo soy su Señor entrará en el reino de Dios. Sólo entrará el que obedezca a mi Padre que está en el cielo. Vendrá el día en que muchos me van a decir: "Tú eres nuestro Señor, profetizamos en tu nombre, y por ti echamos fuera demonios. Además hicimos muchos milagros en tu nombre". Entonces les diré claramente: "Nunca los conocí, apártense de mí, porque ustedes se dedicaron a hacer el mal".

El prudente y el insensato

Por lo tanto, quien oiga mis enseñanzas y las ponga en práctica, será como el hombre prudente que construyó su La ley ordenabaque un sacerdote revisara a los leprosos cuando sanaran. casa sobre roca. Llovió fuerte, los ríos crecieron, los vientos soplaron y golpearon contra aquella casa. Sin embargo, la casa no se cayó porque estaba construida sobre roca. Pero el que oiga mis palabras y no las ponga en práctica, sera como el insensato que construyó su casa sobre arena. Llovió fuerte, los ríos crecieron, los vientos soplaron y golpearon contra la casa. La casa se derrumbó y fuetodo un desastre. Cuando Jesús terminó de decir esto, la gente quedó muy impresionada, porque él les enseñaba como alguien que tiene autoridad y no como los maestros de la ley.

Santiago

1 Estimados hermanos del pueblo de Diosa que está disperso por el mundo: Un cordial saludo de Santiago, siervo de Dios y del Señor Jesucristo. Hermanos, alégrense cuando tengan que enfrentar diversas dificultades. Ustedes ya saben que así se pone a prueba su fe, y eso los hará más pacientes. Ahora bien, la paciencia debe alcanzar la meta de hacerlos completamente maduros y mantenerlos sin defecto. Si a alguno de ustedes le falta sabiduría, pídasela a Dios, y él se la dará. Dios es generoso y nos da todo con agrado. Pero deben pedirle a Dios con fe, sin dudar nada. El que duda es como una ola del mar que el viento se lleva de un lado a otro. No sabe lo que quiere, por lo tanto no debe esperar nada del Señor pues el que duda es inestable en todo lo que hace. El hermano de condición humilde no se avergüence de ser pobre, porque Dios lo ha puesto en un lugar de honor. El hermano rico no se avergüence cuando Dios lo humille, porque el rico desaparecerácomo la flor de la hierba. Cuando sale el sol hace calor y se seca la hierba; la flor se cae y ahí termina su hermoso aspecto. Así pasa con los ricos, en un momento los vemos ocupados en sus negocios y, de pronto, mueren. Afortunado el que mantiene la fe cuando es tentado, porque Dios le dará un premio. Cuando pase la prueba, recibirá el premio de la vida eterna que Dios ha prometido a los que lo aman. Cuando alguien tenga una tentación, no diga que es tentado por Dios. Él no tiene nada que ver con el mal y no tienta a nadie. Uno es tentado cuando se deja llevar por un mal deseo que lo atrae y lo seduce. Luego, el deseo malo da a luz el pecado, y el pecado, una vez que ha crecido, conduce a la muerte. No se engañen, mis estimados hermanos. Todo lo bueno que hemos recibido, todo don perfecto, viene de Dios, del Padre creador de los astros del cielo, en quien nunca hay cambio ni sombra. Dios nos dio nueva vida por medio del mensaje de la verdad para que seamos los hijos mayores de toda su creación.

Oír y obedecer

Recuerden esto, estimados hermanos: estén más dispuestos a escuchar que a hablar. No se enojen fácilmente. El que vive enojado no puede vivir como Dios manda. Por eso, hay que ser humildes. Dejen toda esa mala conducta y todo el mal que hacen, y acepten con humildad el mensaje que Dios ha puesto en cada uno de ustedes. Ese mensaje tiene el poder de salvarlos. Pero no es suficiente con sólo oír el mensaje de Dios. Hay que obedecerlo. Si sólo lo oyen, sin hacer lo que dice, se están engañando a sí mismos. El que oye el mensaje de Dios sin obedecer lo que dice es como el que se mira en un espejo. Se mira en el espejo, se va y pronto olvida lo mal que se veía. Por el contrario, la enseñanza que Dios da es perfecta y libera a la gente. Pero uno tiene que fijarse bien en ella y ponerla en práctica, en lugar de ser un oyente olvidadizo. Afortunado el que así lo hace. Si alguien se cree religioso pero no controla sus palabras, se engaña a sí mismo y su religión no vale nada. La religión pura y sin contaminación que Dios sí acepta, es esta: ayudar a los huérfanos y a las viudas en sus dificultades y no dejarse influenciar por la maldad del mundo.

Amar sin discriminar

2 Hermanos míos, ya que tienen fe en nuestro glorioso Señor Jesucristo, no se consideren mejores que los demás. Supongan que dos hombres entran a su reunión: uno con anillo de oro y muy bien vestido, el otro muy pobre y mal vestido. Y supongan que ustedes dan especial atención al hombre que está bien vestido y le dicen: Tome asiento, aquí hay un buen lugar y le dicen al hombre pobre: Usted quédese parado allí o siéntese en el suelo. Si actúan así, están juzgando mal. ¿Acaso hacer eso no es discriminar? Escuchen, mis estimados hermanos: Dios escogió a los pobres del mundo para hacerlos ricos en la fe; ellos recibirán de herencia el reino que Dios prometió a los que lo aman. Pero ustedes no han mostrado respeto por el pobre. ¡Eso es absurdo! ¿Acaso no son los ricos los que los explotan a ustedes? ¿No son ellos mismos los que los arrastran a los tribunales? ¿No son ellos quienes han hablado mal del buen nombre de Cristo,el Señor de ustedes? Lo que ustedes deberían hacer es cumplir la ley que rige sobre todas las demás, tal como está en las Escrituras: Ama a los demás como te amas a timismo. Pero si ustedes están pecando al discriminar a los demás, son culpables de violar esa ley. Pues si ustedes cumplen toda la ley de Dios pero la desobedecen en un solo punto, son culpables de desobedecer toda la ley. Puesto que Dios dijo: No cometas adulterio, c y también dijo: No mates, si no cometen adulterio pero matan a alguien, ustedes son culpables de violar la ley. La ley de la libertad será la que los juzgue a ustedes, tengan eso en cuenta en todo lo que digan y hagan. Dios juzgará sin compasión a los que no han tenido compasión de los demás. ¡La compassion triunfa sobre el juicio!

Fe y buenas obras

Hermanos míos, ¿de qué puede server que alguien diga que tiene fe si no hace el bien? ¿Lo podrá salvar esa clase de fe? Supongamos que un hermano o hermana tiene necesidad de vestido o comida. Llega uno de ustedes y le dice: ¡Que Dios lo bendiga, abríguese y aliméntese! Sin embargo, si no le da lo que realmente necesita en ese momento, ¿de qué sirve? De la misma manera, si la fe no está acompañada de hechos, así sola está muerta. Pero alguien puede decir: Unos tienen fe, otros hacen buenas obras. Mi respuesta es que tú no puedes demostrarme que tienes fe si no haces nada. En cambio, yo te demuestro mi fe con las buenas obras que hago. ¿Crees que hay un solo Dios? ¡Qué bien! Pero los demonios también creen que hay un solo Dios y tiemblan de miedo. No seas tonto, la fe sin hechos no sir ve para nada. ¿Sabes por qué? Nuestro antepasado Abraham consiguió la aprobación de

Dios por medio de sus hechos cuando ofreció a su hijo Isaac en el altar. Ahora puedes ver que la fe de Abraham iba de la mano con sus hechos. Su fe se perfeccionó con el bien que hizo. Es así como se cumplió lo que dicen las Escrituras: Abraham creyó a Dios, quien tomó en cuenta la fe de Abraham y lo aprobó. Por esa razón, Abraham fue llamado amigo de Dios. Como puedes ver, Dios aprueba a un hombre no solamente por la fe que tenga, sino también por lo que haga. Otro ejemplo es Rahab, la prostituta. Fue aprobada por Dios por lo que hizo cuando recibió a los mensajeros de Dios en su casa y luego los ayudó a escaper por otro camino. De manera que así como un cuerpo que no tiene espíritu está muerto, así también una fe que no tiene hechos está muerta.

Controlar lo que decimos

3 Hermanos míos, no todos pueden ser maestros entre ustedes pues ya saben que Dios juzgará con más severidad a los que somos maestros. Todos fallamos mucho, pero el que no cometa errores en lo que dice ha llegado a la perfección y puede controlar todo su cuerpo. Nosotros ponemos el freno en la boca del caballo para que nos obedezca y así poder controlar todo su cuerpo. Con un pequeño timón los pilotos obligan a grandes barcos a ir a donde ellos quieren, aun en medio de fuertes vientos. De la misma manera, la lengua es una pequeña parte del cuerpo, pero presume de grandes cosas. Hasta un gran bosque puede incendiarse con una pequeña y débil llama de fuego. La lengua es como la chispa que prende el fuego. De todas las partes del cuerpo, la lengua es todo un mundo de maldad, contamina todo el cuerpo. La lengua incendia todo el curso de nuestra vida y sus llamas vienen delmismo infierno. Los hombres siempre han podido domar toda clase de animales: aves, reptiles y peces. Pero ningún hombre puede domar su lengua. Es como un mal que no descansa y está llena de veneno mortal. Con la lengua bendecimos a nuestro Señor y Padre y con ella maldecimos a las personas que han sido creadas a imagen y semejanza de Dios. De manera que con la misma boca bendecimos y maldecimos. Eso, hermanos míos, no debería ser así. ¿Acaso puede dar un manantial agua dulce y agua amarga al mismo tiempo? Hermanos míos, ¿puede una higuera dar aceitunas y una vid higos? Así tampoco un manantial de agua salada puede dar agua dulce.

La verdadera sabiduría

¿Hay entre ustedes alguien verdaderamente sabio y entendido? Que demuestre su sabiduría con su buena conducta y con buenas obras hechas con humildad. El verdadero sabio no es orgulloso. Pero si ustedes están llenos de celos y envidia, no tienen por qué dárselas de sabios. Su orgullo es una mentira que oculta la verdad. Esa no es la clase de sabiduría que viene del cielo sino terrenal, producto de la mente; aunque en realidad viene del demonio. Por eso, donde hay celos y envidia, también hay desorden y toda clase de mal. Pero la sabiduría que viene del cielo es, ante todo, pura. También es pacífica, considerada y flexible. Además siempre es compasiva y produce una cosecha de bondad. Así mismo es justa y sincera. Aquellos que promueven la paz por medios pacíficos están sembrandouna cosecha de justicia.

Entréguense a Dios

4 ¿De dónde vienen todos los conflictos y peleas que hay entre ustedes? Vienen de ustedes mismos, de sus deseos egoístas que siempre están librando una guerra en su interior. Ustedes desean las cosas pero no las consiguen. Su envidia puede llegar hasta el extremo de matar y aun así no consiguen lo que quieren. Por eso discuten y pelean. No consiguen lo que quieren porque no se lo piden a Dios.Y cuando le piden a Dios no reciben nada porque la razón por la que piden es mala, para poder gastar en sus propios placeres. ¡Gente infiel! ¿No saben que amar al mundo es lo mismo que odiar a Dios? El que quiera convertirse en amigo del mundo se convierte en enemigo de Dios. ¿Creen que la Escritura no tiene ningún significado? La Escritura dice: El Espíritu que Dios nos dio nos ama celosamente. Pero Dios nos muestra aunmás su generoso amor. Como dice la Escritura: Dios rechaza a los orgullosos, pero ayuda con su generoso amor a los humildes. Así que, entréguense a Dios, resistan al diablo y el diablo huirá de ustedes. Acérquense a Dios y él se acercará a ustedes. Quiten el pecado de su vida, pecadores. Concentren su mente en Dios, ustedes que quieren seguir a Dios y al mundo. Laméntense, pónganse tristes y lloren. Que su risa se convierta en llanto y su felicidad en tristeza. Humíllense ante el Señor y él les dará honra. Hermanos, no sigan hablando mal los unos de los otros. El que habla en contra de su hermano o quien juzga a su hermano está hablando en contra de la ley y está juzgando a la ley. Si tú juzgas a la ley, no estás siguiendo lo que ella dice y te conviertes en juez. Solamente Dios hace las leyes y es juez. Dios es el único capaz de salvar y destruir. Entonces, ¿quién te crees que eres para juzgar a los demás?

Dejen que Dios planee su vida

Escuchen ustedes, los que dicen: Hoy o mañana viajaremos a esta u otra ciudad y estaremos allí un año, y haremos negocios y ganaremos mucho dinero. que significa: gobernante de todos los ejércitos del cielo.Ustedes ni siquiera saben qué va a pasar con su vida el día de mañana, porque ustedes son como vapor que aparece solo por un momento y después desaparece. Por el contrario, siempre deberían decir: Si el Señor quiere, viviremos y haremos esto o aquello. Pero ahora ustedes se sienten orgullosos y son arrogantes; todo ese orgullo es malo. Si uno sabe hacer el bien y no lo hace, está pecando.

1 Pedro

1 Estimado pueblo escogido por Dios: Esta carta la escribo yo, Pedro, apóstol de Jesucristo. Un cordial saludo para ustedes que viven como extranjeros esparcidos por Ponto, Galacia, Capadocia, Asia y Bitinia. Según el plan de Dios, él los escogió de antemano. También por medio del Espíritu los purifica para que lo obedezcan y queden limpios con la sangre de Jesucristo. Reciban de Dios generoso amor y paz.

Una esperanza viviente

Bendito sea el Dios y Padre de nuestro Señor Jesucristo, quien nos tuvo gran compasión y nos hizo nacer de nuevo por medio de la resurrección de Jesucristo. Así nos dio la plena esperanza de que recibiremos las bendiciones que Dios tiene guardadas para sus hijos en el cielo. Estas bendiciones no se arruinan, ni se destruyen, ni pierden su valor. Por medio de la fe, el poder de Dios los protege para que reciban la salvación que Dios les dará a conocer en el día final. Eso es motivo de alegría para ustedes, aunque durante un tiempo tengan que soportar muchas dificultades que los entristezcan. Tales dificultades serán una gran prueba para su fe, y se pueden comparar con el fuego que prueba la pureza del oro. Pero su fe es más valiosa que el oro, porque el oro no dura para siempre. En cambio, la fe que pasa la prueba dará alabanza, gloria y honor a Jesucristo cuando él regrese. Ustedes no han visto jamás a Jesús, pero aun así lo aman. Aunque ahora no lo pueden ver, creen en él y están llenos de un gozo maravilloso que no puede ser expresado con palabras. Eso significa que están recibiendo la salvación que es el resultado de su fe. Los profetas estudiaron los detalles de esta salvación tratando de entenderla y hablaron sobre el generoso amor que Dios les ha dado a ustedes. El Espíritu de Cristo estaba en esos profetas y les hablaba de lo que Cristo tendría que sufrir y de la gloria que recibiría después del sufrimiento. Los profetas intentaban saber cuándo llegarían esos sufrimientos y cómo sería el mundo en esa época. Dios les hizo entender que lo que decían no era para servirse a sí mismos, sino para ayudarlos a ustedes. Además, quienes les anunciaron a ustedes la buena noticia de salvación les contaron el mismo mensaje de los profetas por medio del Espíritu Santo que fue enviado desde el cielo. En ese mensaje hay detalles que hasta los mismos ángeles quisieran conocer.

Un llamado para vivir como santos

Por eso, preparen su mente para server y practiquen el dominio propio. Pongan toda su esperanza en el generoso amor que se les dará cuando llegue Jesucristo. Antes, ustedes no entendían y por eso seguían sus malos deseos. Pero ahora, son hijos obedientes de Dios y no deben vivir como antes. Más bien, sean santos en todo lo que hacen, porque Dios, quien los llamó, es santo. Pues la Escritura dice: Sean santos, porque yo soy santo. Ustedes oran a Dios y lo llaman Padre, y él juzga a todos por igual según lo que hacen. Por eso deben mostrarle respeto en todo lo que hagan durante el tiempo que estén en este mundo. Dios los rescató a ustedes de la vida sin sentido que llevaban antes; así vivían sus antepasados, y ellos les enseñaron a ustedes a vivir de la misma manera. Pero ustedes saben muy bien que el precio de su libertad no fue pagado con algo pasajero como el dinero, sino con la sangre preciosa de Cristo, quien es como un cordero perfecto y sin mancha. Cristo fue escogido antes de que el mundo fuera creado, pero se dio a conocer en los últimos tiempos para beneficio de ustedes. Por medio de Cristo, ustedes son fieles a Dios, quien resucitó a Cristo de entre los muertos y le dio honor. Por eso han puesto su fe y su esperanza en Dios. Obedeciendo la verdad se han purificado y pueden amar sinceramente a sus hermanos. Ámense los unos a los otros de todo corazón. Pues ustedes nacieron de nuevo, no por medio de padres mortales, sino por medio del mensaje vivo y eterno de Dios. Porque las Escrituras dicen: Los seres humanos son como la hierba. Toda su Gloria es como una flor silvestre. La hierba se seca y la flor se cae, pero el mensaje del Señor vivirá para siempre. Ese es el mensaje que se les anunció a ustedes.

La piedra viva y el pueblo santo

2 Entonces, no hagan ningún mal: no digan mentiras, no sean hipócritas, no sean envidiosos ni se maldigan unos a otros. Sean como bebés recién nacidos y busquen con ansias la leche spiritual pura. Así podrán crecer y ser salvos, ya que han comprobado que el Señor es bueno. Acérquense al Señor Jesús, quien es la piedra viva, rechazada por los hombres, pero escogida y de mucho valor ante Dios. Ustedes también son como piedras vivas que Dios utiliza para construer un templo espiritual. Ustedes sirven a Dios en ese templo como sacerdotes santos, y por medio de Jesucristo ofrecen sacrificios espirituales agradables a Dios. Pues así también dicen las Escrituras: Miren, pongo en Sión la piedra principal, escogida por su mucho valor. El que confíe en esa piedra, no será defraudado. Para ustedes los que creen, esa piedra es de mucho valor; pero para los que no creen, se cumple lo que dicen las Escrituras: La piedra que los constructores rechazaron se ha convertido en la piedra principal. Para los que no creen, esa piedra también es: Una piedra de tropiezo y roca de escandalo. Tropezaron porque no obedecieron el mensaje; eso es lo que Dios tenía planeado para ellos. Pero ustedes son un pueblo escogido por Dios, sacerdotes al servicio del Rey, una nación santa, y un pueblo que pertenece a Dios, quien los escogió para que anuncien las poderosas obras que él ha hecho y los llamó a salir de la oscuridad para entrar en su luz maravillosa. Antes, ustedes no eran ni siquiera un pueblo, pero ahora son el pueblo de Dios. Ustedes no habían recibido compasión, pero ahora han recibido la compassion de Dios.

Vivan para Dios

Estimados hermanos, ustedes son como extranjeros y forasteros en esta sociedad. Por eso les ruego que luchen para no complacer aquellos deseos humanos que van en contra de su nueva vida. Ustedes viven rodeados de gente que no cree y tal vez ellos digan que ustedes hacen el mal; sin embargo, si ustedes llevan una vida honesta, ellos verán el bien que ustedes hacen y alabarán a Dios el día que él venga a juzgar a todos.

Obedezcan a las autoridades

Por el honor que le deben al Señor, respeten a todo ser humano: tanto al rey, que es la máxima autoridad, como a los gobernadores que son enviados por el rey para castigar a los que hacen el mal y elogiar a los que hacen el bien. Dios quiere que ustedes hagan el bien para que de esa manera los insensatos dejen de hacer acusaciones ignorantes en contra de ustedes. Vivan como gente libre, pero no usen su libertad como excusa para hacer el mal. Vivan como siervos de Dios. Respeten y amen a todos los hermanos de la familia de Dios. Teman a Dios y den honor al rey.

El ejemplo del sufrimiento de Cristo

Esclavos, acepten con respeto la autoridad de su amo, no importa si él es amable y bueno, o si es malo. Pues Dios bendice a los que están dispuestos a sufrir y soportar dolor injustamente con tal de cumplir la voluntad de Dios. Si son castigados por hacer el mal, no hay por qué felicitarlos cuando soporten el dolor, pero si hacen el bien y soportan con paciencia el sufrimiento, Dios los bendecirá. Dios los llamó a soportar ese sufrimiento porque Cristo también sufrió por ustedes. Él no cometió pecado. Ninguna mentira salió de su boca. Cuando insultaban a Cristo, él no respondía con insultos, y cuando sufría no respondía con amenazas. Él dejó todo en manos de Dios, quien siempre juzga con justicia. En la cruz, Cristo cargo nuestros pecados en su propio cuerpo para apartarnos de ellos y para que vivamos como le agrada a Dios; por las heridas que él sufrió, ustedes fueron sanados. Ustedes eran como ovejas perdidas, pero ahora han regresado al Pastor y Protector de sus vidas.

Esposas y esposos

3 De la misma manera, esposas, acepten la autoridad de su esposo. Si algún esposo no obedece la palabra de Dios, podrá ser convencido sin que se le tenga que decir una sola palabra, sino a través de la conducta de ustedes al ver la forma de ser santa y respetuosa de su esposa. Que su belleza no venga de los adornos externos, como peinados exagerados, joyas de oro o ropa fina. Su belleza debe venir del corazón, del interior de su ser, porque la belleza que no se echa a perder es la de un espíritu suave y tranquilo, valioso ante los ojos de Dios. Así se adornaban las mujeres santas que vivieron hace mucho tiempo. Tenían puesta su esperanza en Dios y aceptaban la autoridad de su esposo. Me refiero a mujeres como Sara, quien obedeció a Abraham, su esposo, y lo llamaba su señor. Ustedes son verdaderas hijas de Sara si hacen el bien y no le dan lugar al miedo. De la misma manera, los esposos deben saber vivir con su esposa y respetarla como es debido. Ella es más débil que ustedes, pero al igual que a ustedes, Dios le ha dado la vida como un regalo. Se refiere a la felicidad que proviene de una bendición de Dios. Respétenla para que nada impida que Dios escuche sus oraciones.

Sufrir por hacer el bien

Finalmente, vivan todos ustedes en paz

y unidad. Traten de entenderse los unos a los otros. Ámense como hermanos, sean amables y humildes. No devuelvan mal por mal. En lugar de insultar a los que los insultan, pidan que Dios los bendiga a ellos, porque ustedes mismos fueron llamados a recibir una bendición. Las Escrituras dicen: Quien quiera amar la vida y disfrutar días buenos, cuide su lengua del mal, y su boca de las mentiras. Deje de hacer el mal y empiece a hacer el bien. Busque y trate de promover la paz. El Señor ve a los que hacen el bien, y escucha sus oraciones; pero está en contra de los que hacen el mal. Así que, ¿quién podrá hacerles daño, si ustedes siempre están tratando de hacer el bien? Sin embargo, también es posible que sufran por hacer el bien. Si eso sucede, entonces son afortunados. No se preocupen ni les tengan miedo a quienes los hacen sufrir. Más bien, preocúpense sólo por honrar a Cristo como Señor y estén siempre listos a responder a todo el que les pregunte cuál es la razón de su esperanza. Pero cuando respondan, háganlo con humildad y respeto, manteniendo una conciencia limpia. Así, los que hablan mal de su Buena conducta en Cristo sentirán vergüenza por haberlos criticado. Es mejor sufrir por hacer el bien, si esa es la voluntad de Dios, que sufrir por hacer el mal. Porque Cristo mismo sufrió la muerte por nuestros pecados, una vez y para siempre. Cristo no era culpable y aun así murió por los que sí lo eran, para poder llevarlos a ustedes ante Dios. Sufrió la muerte en su cuerpo, pero volvió a la vida por medio del Espíritu. Por el Espíritu, Jesucristo fue a proclamar su victoria a los espíritus que estaban presos porque se negaron a obedecer a Dios en el tiempo de Noé. Dios esperaba pacientemente por ellos mientras Noé construía el arcad en la que solamente ocho personas fueron salvadas mediante el agua. Esa agua es como el bautismo que ahora los salva a ustedes. Pero el bautismo no consiste en limpiar el cuerpo, sino en el compromiso para con Dios de tener una conciencia limpia. El bautismo los salva porque Jesucristo fue resucitado de entre los muertos, se ha ido al cielo y está sentado a la derecha de Dios. Jesucristo reina sobre de ángeles, autoridades y poderes.

Vidas cambiadas

4 Puesto que Cristo sufrió físicamente, entonces prepárense para luchar armándose con la misma actitud que tuvo él. Pues quien sufre físicamente da a entender que ha abandonado el pecado. Eso significa que está dispuesto a vivir el resto de su vida según la voluntad de Dios y no según los deseos humanos. Ustedes ya han vivido suficiente tiempo como personas que no creen en Dios. Cometían pecados sexuales y hacían todo el mal que querían. Se emborrachaban, andaban en orgías, parrandas y adoraban ídolos abominables. Por eso, a los que no creen, ahora les parece extraño que ustedes ya no se unan a ellos en su vida loca y desenfrenada, y por eso hablan mal de ustedes, pero ellos tendrán que rendir cuentas ante Dios por lo que han hecho. Él vendrá pronto a juzgar a todos, tanto los que estén vivos como a los que ya hayan muerto. A unos se les anunció la Buena noticia de salvación antes de que murieran. Ellos fueron condenados por otros en su vida aquí

en la tierra. Pero Dios tenía planeado que ellos escucharan la buena noticia para que pudieran tener nueva vida en el Espíritu.

Cuiden bien los dones de Dios

El final de todo está cerca, así que manténganse sobrios y sepan controlarse. Eso los ayudará a orar. Y sobre todo, ámense profundamente, porque el amor es capaz de perdonar muchas ofensas. Reciban a todos en su casa sin quejarse. Cada uno de ustedes recibió un don espiritual que debe ser utilizado para servir a los demás. Así serán Buenosadministradores del generoso amor que Dios les ha dado en tantas formas. El que hable, que hable de acuerdo con las palabras de Dios; el que sirve, que sirva con el poder que da Dios. Que todo lo que hagan sea para alabar a Dios por medio de Jesucristo, a quien pertenecen el poder y la gloria para siempre. Así sea.

Compartir los sufrimientos de Cristo

Estimados hermanos, no se sorprendan como si fuera algo extraño con la dolorosa prueba por la que están pasando. Más bien, alégrense de compartir los sufrimientos de Cristo para que estén llenos de alegría el día en que él aparezca en su gloria. Si otros los maldicen por causa de Cristo, ustedes son afortunados porque el glorioso Espíritu de Dios está sobre ustedes. Si son asesinos, ladrones o delincuentes, o si se meten en asuntos ajenos merecerán sufrir y pasar vergüenza. Pero si alguno de ustedes sufre por ser cristiano, no se avergüence. Más bien, agradezca a Dios por tener el privilegio de sufrir como cristiano. Porque ya es hora de que empiece el juicio que comenzará con la familia de Dios. Y si empieza primero con nosotros, ¿qué les pasará a los que rechazan la buena noticia de Dios? Si resulta difícil que el justo se salve, ¿qué pasará con el que no teme a Dios y está lleno de pecado? Así que, los que sufren por obedecer a Dios, que se pongan en manos de él, su Creador, y sigan haciendo el bien.

1 Corintios

15 Hermanos, ahora quiero que recuerden la buena noticia de salvación que les anuncié. Han aceptado ese mensaje y están firmes en él. Es el mensaje que los salva si siguen creyendo en lo que les anuncié. Si no, habrán creído en vano. Les he comunicado el mensaje que recibí, del cual les he dicho lo más importante: que Cristo murió por nuestros pecados, tal como dicen las Escrituras. Que fue enterrado y al tercer día resucitó, como dicen las Escrituras. Y que se apareció a Pedroa, y luego a los doce. Después se apareció a más de quinientos hermanos al mismo tiempo. Muchos de ellos todavía están vivos, otros ya han muerto. Luego, Cristo se apareció a Santiago y de nuevo a los apóstoles. Por último, se me apareció a mí. Conmigo fue diferente, como a un bebé nacido a destiempo. Porque soy el menos importante de los apóstoles, y ni siquiera merezco ser llamado apóstol porque perseguí a la iglesia de Dios. Pero lo soy porque Dios fue bondadoso conmigo, y esa bondad no ha sido desperdiciada. He trabajado más duro que el resto de los apóstoles. Aunque en realidad no he sido yo el que ha trabajado, sino la bondad de Dios que está conmigo. Entonces, no importa si el que anuncia soy yo o los otros apóstoles. Todos anunciamos ese mismo mensaje que ustedes han creído.

Seremos resucitados

Ya que todos nosotros les anunciamos que Cristo fue resucitado de la muerte, ¿cómo es posible, entonces, que algunos de ustedes digan que no hay resurrección? Si no hay resurrección, entonces Cristo tampoco ha sido resucitado. Si Cristo no ha sido resucitado, entonces nuestro mensaje no tiene caso ni su fe tampoco. Si los muertos no resucitan, entonces somos culpables de mentir acerca de Dios, porque les dijimos a todos que él resucitó a Cristo, sin ser cierto. Si los muertos no resucitan, entonces Cristo tampoco ha resucitado. Si Cristo no ha resucitado, su fe no vale nada y todavía son culpables de su pecado. Los que murieron creyendo en Cristo también están perdidos. Si nuestra esperanza en Cristo es sólo para esta vida, entonces somos los seres humanos más dignos de lástima. Pero en realidad Cristo ha resucitado y fue el primero de todos los que serán resucitados de la muerte. Así como la muerte llegó a la humanidad por medio de un hombre, también por medio de un hombre llega la resurrección. Así como Adán trajo la muerte a todos, Cristo nos traerá vida a todos nosotros. Pero todos deben ser resucitados en cierto orden. Primero fue Cristo y luego, cuando Cristo regrese, serán resucitados también los que pertenecen a él. Después vendrá el fin, cuando Cristo acabará con todos los gobernantes, las autoridades y los poderes y entregará el reino a Dios Padre. Pues Cristo debe reinar hasta que todos los enemigos estén bajo su poder. El último enemigo en ser destruido será la muerte, porque la Escritura dice: Dios puso todo bajo su poder. Cuando dice que todo está bajo el poder de Cristo, es claro que esto no incluye a Dios, porque Dios fue quien puso todo bajo su poder. Cuando todo esté dominado por él, entonces el Hijo mismo se pondrá bajo el poder de Dios, quien puso todo bajo el poder de Cristo, para que Dios tenga el control absoluto de todo. De otra manera, ¿qué harían los que se bautizan por los muertos? Si los muertos no serán resucitados, ¿para qué se bautizan por ellos? ¿Y por qué nos arriesgamos a todas horas? Hermanos, yo muero todos los días. Esto es tan cierto como el orgullo que siento porque ustedes son creyentes en nuestro Señor Jesucristo. Cuando luché contra las fieras en Éfeso, ¿qué hubiera ganado yo si lo hubiera hecho sólo por razones humanas? Si los muertos no resucitan, entonces comamos y bebamos, que mañana moriremos. Pero no se dejen engañar: Las malas compañías dañan las buenas costumbres. ¡Reaccionen! Entren en razón y salgan del pecado, pues yo sé que algunos de ustedes no conocen a Dios y digo esto para que les dé vergüenza.

El cuerpo y la resurrección

Tal vez alguien preguntará: ¿Cómo van a ser resucitados los muertos? ¿Qué clase de cuerpo van a tener? ¡Qué pregunta tan tonta! La semilla no germina a menos que muera, ¿verdad? Y lo que siembras es una simple semilla que todavía no tiene la forma que ha de tener después, es decir que no tiene el mismo cuerpo, así se trate de trigo u otro grano. Dios le da a cada semilla la forma que él escoje. Cada semilla recibe el cuerpo que le corresponde. No todos los cuerpos son iguales. Los hombres tienen un cuerpo y los animales tienen otro. El nombre Adán significa hombre. La mención aquí al último Adán se refiere a Cristo, el hombre del cielo. aves tienen un cuerpo y los peces otro. Hay también cuerpos celestes y cuerpos terrestres. Pero los cuerpos celestes tienen un tipo de belleza, mientras que los cuerpos terrestres tienen otro. El sol tiene un tipo de belleza, y la luna otro. Las estrellas tienen otro tipo de belleza, y cada una tiene una belleza diferente. Así será la resurrección de los muertos. El cuerpo que se pone en la tierra se pudre. Pero el cuerpo que es resucitado nunca se pudre. El cuerpo que se entierra no tiene honor, pero el que resucita es glorioso. El cuerpo que se entierra es débil, pero el que resucita es fuerte. Lo que se entierra es el cuerpo físico, pero lo que resucita es el cuerpo espiritual. Pues así como hay cuerpos físicos, también hay cuerpos espirituales. Así dice la Escritura: El primer hombre, Adán, se convirtió en ser vivo. El último Adánd se convirtió en Espíritu que da vida. Entonces, el hombre espiritual no apareció primero, sino el hombre físico, y luego el espiritual. El primer hombre viene del polvo de la tierra. En cambio, el segundo hombre viene del cielo. Los que pertenecen a la tierra son como el hombre que viene del polvo de la tierra, pero los que pertenecen al cielo son como el que viene del cielo. Ahora somos como el hombre que viene del polvo de la tierra, pero luego seremos como el hombre que viene del cielo. Les digo esto, hermanos: nuestro cuerpo de carne y hueso no puede tener parte en el reino de Dios. Pues lo que se pudre no puede ser parte de lo que nunca se pudre. Pero escuchen este secreto: no todos moriremos, pero todos seremos transformados. En un abrir y cerrar de ojos seremos transformados. Esto sucederá al toque final de la trompeta, pues la trompeta va a sonar, y los muertos serán resucitados con un cuerpo que nunca se pudre y todos seremos transformados. Nuestro cuerpo que se va a podrir, se vestirá con lo que nunca se pudre; y este cuerpo que va a morir, se vestirá con lo que nunca muere. Cuando lo que se pudre se vista con lo que nunca se pudre, y cuando lo que muere se vista con lo que nunca muere, entonces lo que dice la Escritura se hará realidad: La muerte ha sido devorada por la victoria. Muerte, ¿dónde está tu victoria? Muerte, ¿dónde está tu aguijón? El aguijón de la muerte es el pecado. El poder del pecado es la ley. Pero demos gracias a Dios que nos ha dado la Victoria a través de nuestro Señor Jesucristo. Por lo tanto, hermanos, permanezcan firmes y no dejen que nada los haga cambiar. Dedíquense totalmente a trabajar para el Señor, bien saben que su trabajo no es en vano.

El Hijo Perdido

San Lucas 15:11-32

Entonces Jesús dijo: Había un hombre que tenía dos hijos. El menor le dijo: "Padre, quiero que me des ahora la parte de tus posesiones que sería mi herencia". Entonces dividió entre sus dos hijos todo lo que tenía. No mucho tiempo después, el hijo menor recogió todo lo suyo y se fue a un país lejano. Estando en ese país, el hijo menor malgastó todo su dinero llevando una vida descontrolada. Después hubo una escasez de comida en ese país, y él empezó a pasar necesidad. Buscó trabajo con un hombre de ese país, quien lo mandó a trabajar en el campo alimentando a los cerdos. El hijo tenía tanta hambre que hasta quería comer lo que comían los cerdos, pero nadie le daba nada. Entonces se dio cuenta de que había sido muy tonto. Pensó: "¡Todos los trabajadores de mi padre tienen suficiente comida, y yo estoy aquí muriéndome de hambre! Iré a la casa de mi padre, y le diré: Padre, he pecado contra Dios y contra ti. No merezco llamarme tu hijo; déjame ser como uno de tus trabajadores". Entonces el hijo regresó a la casa de su padre. Mientras el hijo todavía estaba muy lejos de casa, su padre lo vio y tuvo compassion de él. Salió corriendo a su encuentro y le dio la bienvenida con besos y abrazos. El hijo le dijo: "Padre, he pecado contra Dios y contra ti. No merezco llamarme tu hijo". Pero el padre les dijo a sus siervos: "¡Apresúrense! Vístanlo con la mejor ropa. También pónganle un anillo y sandalias. Maten el mejor ternero y prepárenlo. ¡Celebremos y comamos!

Mi hijo estaba muerto y ha vuelto a vivir; estaba perdido y ha sido encontrado.

Y empezaron la fiesta. El hermano mayor estaba en el campo y al acercarse a la casa, escuchó la música del baile. Entonces el hermano mayor llamó a uno de los siervos y le preguntó: "¿Qué es todo esto?" El siervo le dijo: "Tu hermano vino y tu padre mandó preparar el mejor ternero. Está muy feliz porque tu hermano menor regresó a casa sano y salvo". El hijo mayor se enojó mucho y no quiso entrar. Entonces el padre salió a pedirle que entrara. Pero él le respondió a su padre: "Yo he trabajado para ti todos estos años, no he dejado de obedecerte, y nunca me has dado ni un cabrito para celebrar con mis amigos. En cambio, tu otro hijo malgastó todo tu dinero en prostitutas, y cuando regresa a casa, matas para él el mejor ternero". El padre le dijo: "Hijo mío, tú siempre estás conmigo y todo lo que tengo es tuyo. Pero tenemos que celebrar y estar felices,

porque tu hermano estaba muerto y ha vuelto a vivir, estaba perdido y ha sido encontrado.